NRA CET - Matriculation Pass

सामान्य हिन्दी

नवीनतम संस्करण अभ्यास किट

15 टेस्ट्स
15 विषयानुसार टेस्ट्स

विषय से संबन्धित पाठ प्रश्नो के साथ

✓ पूर्णतः संशोधित और अद्यतन

✓ सभी बहुविकल्पीय प्रश्नो का विस्तृत विश्लेषण

शीर्षक	: NRA CET – Matriculation Pass सामान्य हिन्दी
लेखक का नाम	: Mr. Rohit Manglik
प्रकाशक	: EduGorilla Community Pvt. Ltd.
प्रकाशक का पता	: 12/651 प्रथम तल, अरविन्दो पार्क के सामने, निकट जामा मस्जिद, इंदिरा नगर लखनऊ, उत्तर प्रदेश, 226016, भारत।

कॉपीराइट EduGorilla

अस्वीकरण EduGorilla

Compiled and created by EduGorilla Community Pvt. Ltd

EduGorilla Community Pvt. Ltd. द्वारा मुद्रित

रोहित मांगलिक
सीईओ, EduGorilla

प्रिय छात्रों,

एक बहुत ही प्रचलित कहावत है कि "सफलता उन्हीं को मिलती है जो उसके लिए कड़ी मेहनत करते हैं।" लेकिन मैंने लोगों को उनकी परीक्षाओं के लिए दिन-रात एक करके मेहनत करते हुए देखा है, पर फिर भी वे सफल नहीं हो पाते। तो वहीं दूसरी ओर, कुछ लोग बस आधी मेहनत करके परीक्षा में सफलता प्राप्त करते हैं। तो, क्या वे किस्मत वाले हैं? नहीं मेरा मानना है, कि ऐसा इसलिए है क्योंकि वे सिर्फ कड़ी नहीं बल्कि कुशल तरीके से अपनी तैयारी करते हैं। इसी तरह आपको भी अपनी परीक्षाओं की तैयारी के लिए अपनी योजना बनानी चाहिए, ताकि आपकी भी सफलता की संभावना बढ़ सके। तो तैयार हो जाइये EduGorilla के साथ अपनी परीक्षा में चयन होने की संभावना को 16 गुना बढ़ाने के लिए।

EduGorilla आपको न केवल कड़ी मेहनत करने में मदद करता है, बल्कि एक स्मार्ट और योजनाबद्ध तरीके से तैयारी करने में भी सहायता प्रदान करता है। EduGorilla की तैयारी पैकेज के साथ आप अपने परीक्षा में चयन होने के रास्ते को सहज और मनोरंजक बना सकते हैं। अपनी तैयारी के लिए सही रास्ता खोजना मुश्किल हो सकता है, यदि आप ये नहीं जानते कि आपको किस दिशा में जाना है। चिंता न करें हम आपके साथ खड़े हैं! EduGorilla आपकी सफलता में आपका मार्गदर्शक बनेगा। हमारे तैयारी पैकेज के साथ आप रणनीतिक रूप से तैयारी कर, अपनी परीक्षा में सिर्फ एक ही प्रयास में सफल हो सकते हैं।

EduGorilla के तैयारी पैकेज में शामिल हैं-

• टेस्ट सीरीज़   • किताबें

हमारे तैयारी पैकेज को सभी तरह के नये बदलवों, विशेषज्ञों की राय एवं छात्रों के प्रतिक्रिया के अनुसार तैयार किया गया है। जो आपको परीक्षा के प्रत्येक चरण की चयन प्रक्रिया को पार करने के योग्य बनाता है।

हमारी किताबें शिक्षकों और विशेषज्ञों द्वारा आपकी परीक्षा के लिए तैयार की गई हैं, 150+ वर्षों के अनुभव के साथ; ताकि आपको आसान, कुशल और प्रभावी शिक्षण प्रदान किया जा सके। हमारी स्मार्ट किताबें न सिर्फ आपको प्रश्नों के उत्तर देने की समझ देती हैं, अपितु आपके अभ्यास के लिए समान रूप के प्रश्न भी प्रदान करती हैं।

EduGorilla की सक्षम टेस्ट सीरीज आपको वास्तविक अनुभव और आत्मविश्वास प्रदान करती हैं, जिसके माध्यम से आप केवल एक प्रयास में अपनी ऑफलाइन अथवा ऑनलाइन परीक्षा पास कर सकते हैं। वर्तमान में हम 83,000+ मॉक टेस्ट्स और 1,440+ प्रतियोगी एवं शैक्षणिक परीक्षाओं की तैयारी कराते हैं।

अर्थात, EduGorilla आपकी तैयारी में आपकी सहायता करने का कोई भी मौका नहीं छोड़ता है और परीक्षा के सभी चरणों को कवर करता है, ताकि परीक्षा की तैयारी के लिए आपको कहीं और भटकना ना पड़े।

हम आपको डिफेन्स, बैंकिंग, टीचिंग और अन्य राष्ट्रीय एवं राज्य स्तरीय परीक्षाओं के लिए सम्पूर्ण तैयारी पैकेज प्रदान करते हैं। अत: इससे कोई फर्क नहीं पड़ता कि आप किस परीक्षा के लिए तैयारी कर रहे हैं, क्योंकि आप सफलता हासिल करेंगे।

आपको परीक्षा की शुभकामनाएं!

रोहित मांगलिक,
संस्थापक और मुख्य कार्यकारी अधिकारी, EduGorilla

प्रस्तावना

EduGorilla छात्रों को उनकी परीक्षा में सफल होने के लिए मार्गदर्शन प्रदान करता है। जिसको ध्यान में रखते हुए हमारे कुल 150+ वर्षों का अनुभव रखने वाले प्रतिष्ठित विशेषज्ञों ने कड़े प्रयासों के द्वारा "NRA CET - Matriculation Pass : सामान्य हिन्दी" को तैयार किया है। इस किताब के प्रश्नों को हाल ही में परीक्षा के पाठ्यक्रम और पैटर्न में हुए सभी बदलावों को ध्यान में रखकर बनाया गया है। वो प्रश्न जिनकी NRA CET 10th Pass परीक्षा में आने कि संभवना काफी प्रबल है, उनको इस किताब मे रखा गया है। आप EduGorilla की "NRA CET - Matriculation Pass : सामान्य हिन्दी" के माध्यम से अपनी सफलता की संभावना को 16 गुना बढ़ा सकते हैं।

EduGorilla ये अपनी संपूर्ण तैयारी पैकेज के माध्यम से साकार करता है। इस किट में आपको प्रश्न अच्छी तरह अवधारित एवं संरचित रूप मे मिलेंगे जिन्हे आपकी जरूरतों के अनुसार बनाया गया है। इसके माध्यम से आपको स्मार्ट तरीके से परीक्षा के लिए अभ्यास करने में मदद मिलेगी। साथ ही आपको सहायक, समाधान और स्मार्ट उत्तर पत्रिका भी प्रदान की जायेंगी। जिससे आप अपना मूल्यांकन स्वयं कर सकते हैं। आप स्वयं की समीक्षा कर, उन सभी बिन्दुओं पर खुद को बेहतर तरीके से तैयार कर सकते हैं।

EduGorilla आपको अपनी परीक्षा में सफलता दिलाने और आपके लक्ष्य को हासिल करने में आपकी सहायता करने का वादा करता हैं। हम अपने प्रतिभागियों पर पूरा भरोसा करते हैं और उन्हें मेरिट सूची के शीर्ष पर देखते हैं। शीर्ष स्थान की ओर आपका पहला कदम है हमारे साथ तैयारी शुरू करना। EduGorilla की "NRA CET - Matriculation Pass : सामान्य हिन्दी" की विशेषताएं कुछ इस प्रकार हैं।

➤ अच्छी तरह से शोध किया हुआ पाठ्यक्रम

➤ उच्च गुणवत्ता

➤ विस्तृत उत्तर और विश्लेषण

➤ स्मार्ट उत्तर पत्रिका

➤ परीक्षा सुसंगत प्रश्न

इस प्रकार EduGorilla आपकी तैयारी को मजबूत और आपको परीक्षा में सफल होने के योग्य बनाता है।

विषय-सूची

Q.1 "पुण्य लाभ करने से भी है, पाप काटना कठिन कठोर" में किस प्रकार का दोष है?

A. शब्द-पुनरुक्ति
B. अर्थ पुनरुक्ति
C. क्लिष्टत्व
D. निरर्थक

Q.2 अशुद्ध वाक्य का चयन करें-

A. साहित्य और जीवन का घनघोर सम्बंध है।
B. यह कहानी सुदर्शन द्वारा लिखी गयी है।
C. देश की इतनी दुर्गति पहले कभी नहीं हुई।
D. सभा के प्रत्येक सदस्य की यही राय थी।

Q.3 निम्नलिखित में से कौन सा वाक्य अशुद्ध है?

A. यह पठित लोगों का समाज है।
B. मैं शिक्षित व्यक्ति हूँ।
C. इस समाज में शिक्षितों की कमी है।
D. शिक्षित व्यक्ति अपेक्षाकृत समझदार होता है।

Q.4 निम्नलिखित में से कौन सा वाक्य अशुद्ध है?

A. हम जाता हूँ।
B. मैं पढता हूँ।
C. तुम बोलते हो।
D. तुम मेरे यार हो।

Q.5 निम्नलिखित में से कौन सा वाक्य शुद्ध है?

A. हम जाता हूँ।
B. मैं पढ़ते है।
C. तुम बहुत बोलता है।
D. मैं खाना खाता हूँ।

Q.6 निम्नलिखित वाक्य के किस भाग में अशुद्धि है? 'बुरा से बुरा आदमी भी सम्मान चाहता है।'

A. बुरा से बुरा आदमी
B. आदमी भी
C. सम्मान चाहता है
D. कोई अशुद्धि नहीं

Q.7 निम्नलिखित विकल्पों में से वाक्य का शुद्ध रूप क्या है?

A. सीता की चरित्र अच्छा है।
B. सीता का चरित्र अच्छा है।
C. सीता का चरित्र अच्छी है।
D. सीता की चरित्र अच्छी है।

Q.8 निम्नलिखित विकल्पों में से वाक्य का शुद्ध रूप क्या है?

A. भारत में अनेक जाति है।
B. भारत में अनेकों जाति हैं।
C. भारत में अनेक जातियाँ हैं।
D. भारत में अनेकों जातियाँ हैं।

Q.9 निम्नलिखित में से कौन सा वाक्य शुद्ध है?

A. सभी भोजन खाएँगे।
B. ये अच्छा लड़के हैं।
C. चोर दौड़ खड़ा हुआ।
D. बड़ी मुश्किल हो गई।

Q.10 निम्नलिखित वाक्य भाग में त्रुटि है? 'राम की आंख से आँसू बहता है।'

A. राम की
B. आंख से
C. आँसू
D. बहता है

Q.11 निम्नलिखित विकल्पों में से वाक्य का अशुद्ध रूप क्या है?

A. इत्र महक रहा है।
B. इत्र महकता है।
C. इत्र के द्वारा महका जाता है।
D. इत्र महक रही है।

Q.12 निम्नलिखित में से कौन सा वाक्य शुद्ध है?

A. मैं जाऊँगा दिल्ली।
B. क्यों तुम नहीं जाते वहाँ?
C. बैठो और पढ़ो पुस्तक।
D. हमें चलना चाहिए।

Q.13 निम्नलिखित वाक्य के किस भागों में अशुद्धि है? 'आत्मा में परमात्मा निवास करती है।'

A. आत्मा में
B. परमात्मा निवास
C. करती है
D. कोई अशुद्धि नहीं

Q.14 निम्नलिखित में से कौन सा वाक्य अशुद्ध है?

A. मेरा स्वास्थ ठीक है।
B. क्या आप जाएंगे?
C. राम नित्य योग करता है।
D. कोयल उड़ गई।

Q.15 निम्नलिखित विकल्पों में से वाक्य का अशुद्ध रूप क्या है?

A. गांधीजी चरखा कातते थे।
B. गाँधी जी चरखा चलाते थे।
C. गाँधी जी द्वारा चरखा चलाया जाता था।
D. इनमें से कोई नही।

Q.16 निम्नलिखित में से कौन सा वाक्य अशुद्ध है? वे तीन बहने हैं।

A. वे तीन बहने हैं।
B. भौरे गुनगुना रहे हैं।
C. वृक्षों पर बंदर बैठा है।
D. कबीर संत थे।

Q.17 निम्नलिखित में से किस वाक्य में व्याकरण दोष नहीं है?

A. वह लगभग दौड़ रहा था।
B. उस पर घड़ों पानी गिर गया।
C. उसकी अक्ल चकरा गई।
D. तुम क्या काम करता हो।

Q.18 निम्नलिखित में से किस वाक्य में व्याकरण दोष नहीं है?

A. सिंह बड़ा भयानक होता है।
B. उसे भरी दुःख हुआ।
C. सब लोग अपना काम करो।
D. मैं दर्शन देने आया था।

Q.19 निम्नलिखित में से किस वाक्य में व्याकरण दोष नहीं है?

A. पेड़ो पर तोता बैठा है।
B. मैं पुस्तक पढता हूँ।
C. मैं रविवार ले दिन तुम्हारे घर आऊँगा।
D. क्या यह संभव हो सकता है?

Q.20 निम्नलिखित में से किस वाक्य में व्याकरण दोष नहीं है?

A. यह काम नहीं किया हूँ मैं।
B. गीता आई और कहा।
C. वह धीमी स्वर में बोला।
D. राम और सीता वन को गए।

Q.21 निम्नलिखित में से किस वाक्य में व्याकरण दोष नहीं है?

A. आज मौसम अच्छी नहीं है।
B. महाभारत अठारह दिनों तक चलता रहा।
C. देश की स्थिति अच्छी नहीं है।
D. मुझे बहुत आनन्द आती है।

Q.22 निम्नलिखित में से किस वाक्य में व्याकरण दोष नहीं है?

A. बुढ़ापे उसके लिए रोग बन गया।
B. श्रीमती गांधी भारत की प्रधानमंत्री थी।
C. वह सायंकाल के समय आया था।
D. मैं चार घंटे से पढ़ता रहा हूँ।

Q.23 निम्नलिखित में से शुद्ध वाक्य का चयन कीजिये।
A. मेरे से कोई मतलब नहीं है।
B. आयुर्वेद प्रतिरोधक क्षमता बढ़ाता है।
C. तीन लड़की एक पुरुष से भिड़ गईं।
D. जाने वाले को कोई नहीं रोक सकते हैं।

Q.24 'फल को खूब पका होना चाहिए।' वाक्य में किस प्रकार की अशुद्धि है?
[Rajasthan Teachers Eligibility Test - Level 1 Primary Level (RTET), 2017]

A. पदक्रम संबंधी
B. वचन संबंधी
C. लिंग संबंधी
D. कारक संबंधी

Q.25 'पेड़ों पर मैना बैठी है।'
इस वाक्य का शुद्ध रूप क्या होगा?
A. पेड़ पर मैना बैठी है।
B. पेड़ों पर मैनो बैठी है।
C. पेड़ों पर मैना बैठे है।
D. पेड़ों में मैना बैठी है।

Q.26 निम्नलिखित वाक्यों में कौन-सा वाक्य सटीक है?
A. श्रीकृष्ण के अनेक नाम है।
B. श्रीकृष्ण के अनेकों नामों से पुकारा जाता है।
C. भगवान् श्रीकृष्ण के अनेकों नाम का उल्लेख मिलता है।
D. श्रीकृष्ण के अनेकों नाम है।

Q.27 शुद्ध वाक्य की पहचान कीजिए-
A. सूरज पूरब में अस्त हो गया।
B. बेटा पराए घर का धन होता है।
C. कंस ने कृष्ण को मारा।
D. इनमे से कोई नहीं।

Q.28 दिए गए वाक्य का वह भाग ज्ञात करें जिसमें कोई त्रुटि है।
वृक्ष पूजन का हमारे जीवन का विशेष स्थान नहीं रहा।
A. हमारे जीवन का
B. नहीं रहा।
C. वृक्ष पूजन का
D. विशेष स्थान

Q.29 निम्नलिखित विकल्पों में से वाक्य का शुद्ध रूप क्या है?
A. सीता को भारी प्यास लगी है।
B. सीता को बड़ी प्यास लगी है।
C. सीता को महंगी प्यास लगी है।
D. सीता को उत्तम प्यास लगी है।

Q.30 'आज का जीवन अनेक तनाव युक्त है।'- वाक्य का शुद्ध रूप क्या होगा?
A. आज का जीवन अनेकों तनाव से युक्त है।
B. आज का जीवन अनेकों तनावों युक्त है।
C. आज का जीवन अनेक तनावों से युक्त है।
D. आज का जीवन अनेक तनाव में युक्त है।

// स्मार्ट उत्तर पुस्तिका //

सही उत्तर — उन छात्रों का प्रतिशत जिन्होंने प्रश्नों का सही उत्तर दिया था। **छोड़ दिया** — उन छात्रों का प्रतिशत जिन्होंने प्रश्नों को छोड़ दिया था।

प्रश्न संख्या	उत्तर	सही उत्तर / छोड़ दिया	प्रश्न संख्या	उत्तर	सही उत्तर / छोड़ दिया	प्रश्न संख्या	उत्तर	सही उत्तर / छोड़ दिया	प्रश्न संख्या	उत्तर	सही उत्तर / छोड़ दिया	प्रश्न संख्या	उत्तर	सही उत्तर / छोड़ दिया	प्रश्न संख्या	उत्तर	सही उत्तर / छोड़ दिया
1	A	87.18 % / 10.22 %	6	A	88.79 % / 10.51 %	11	D	89.75 % / 10.02 %	16	C	85.72 % / 12.18 %	21	C	79.13 % / 14.23 %	26	A	88.87 % / 10.16 %
2	A	89.66 % / 10.23 %	7	B	84.57 % / 14.43 %	12	D	79.76 % / 13.92 %	17	C	89.69 % / 10.0 %	22	B	86.32 % / 10.12 %	27	D	89.15 % / 10.25 %
3	A	80.68 % / 16.83 %	8	C	87.97 % / 11.72 %	13	C	79.53 % / 13.53 %	18	A	78.93 % / 12.68 %	23	B	85.82 % / 12.09 %	28	A	78.76 % / 18.8 %
4	A	83.39 % / 11.73 %	9	D	76.37 % / 20.49 %	14	A	83.07 % / 11.62 %	19	B	87.45 % / 10.68 %	24	D	77.26 % / 18.57 %	29	B	83.95 % / 12.04 %
5	D	77.53 % / 18.91 %	10	D	80.04 % / 12.53 %	15	A	84.57 % / 10.88 %	20	D	83.87 % / 11.19 %	25	A	87.74 % / 11.79 %	30	C	88.18 % / 10.69 %

//संकेत और समाधान//

1. "पुण्य लाभ करने से भी है, पाप काटना कठिन कठोर" में शब्द-पुनरुक्ति का दोष है।

शुद्ध शब्द है- पुण्य लाभ करने से भी है, पाप काटना कठिन

पूर्ण पुनरुक्ति- जब कोई एक शब्द एक ही साथ लगातार दुहराया जाता है तो उसे पूर्ण पुनरुक्ति कहते हैं। उदाहरण: संज्ञा- गाँव-गाँव, भाई-भाई, गली-गली, रंग-रंग। विशेषण- बड़े-बड़े, पके-पके, नए-नए, फीकी-फीकी, काले-काले आदि।

अतः विकल्प (A) सही है।

2. साहित्य और जीवन का घनघोर सम्बन्ध है - वाक्य में प्रयुक्त घनघोर शब्द का प्रयोग अनुचित है। इस वाक्य में घनिष्ठ का प्रयोग उचित है क्योंकि साहित्य और जीवन के सम्बन्ध या तो एक-दूसरे पर आश्रित होंगे अथवा दोनों में घनिष्ठ सम्बन्ध होगा।

शुद्ध वाक्य - साहित्य और जीवन का घनिष्ठर सम्बंध है।

अतः विकल्प (A) सही है।

3. 'यह पठित लोगों का समाज है।' अशुद्ध वाक्य है क्योंकि इसमें विशेषण संबंधी त्रुटि है।

वाक्य में 'पठित लोगों' के स्थान पर उचित विशेषण का प्रयोग नहीं है, उसके स्थान पर 'शिक्षित लोगों' विशेषण प्रयुक्त होगा।

अतः विकल्प (A) सही है।

4. 'हम जाता हूँ।' अशुद्ध वाक्य रूप है।

'हम जाता हूँ' अशुद्ध वाक्य है क्योंकि इसमें सर्वनाम संबंधी त्रुटि है।

वाक्य में 'हम' के स्थान पर उचित सर्वनाम का प्रयोग नहीं है, उसके स्थान पर 'मैं' सर्वनाम प्रयुक्त होगा क्योंकि 'जाता हूँ' एकवचन क्रिया है और उसी के अनुसार एकवचन सर्वनाम का प्रयोग करना चाहिए।

अतः विकल्प (A) सही है।

5. 'मैं खाना खाता हूँ' शुद्ध वाक्यरूप है।

'मैं खाना खाता हूँ' शुद्ध वाक्य है। क्योंकि इसमें कोई त्रुटि नहीं है। अन्य विकल्पों में अशुद्धियां हैं।

'हम जाता हूँ।' वाक्य में सर्वनाम संबंधी त्रुटि है। यहाँ पर 'हम' के स्थान पर 'मैं' सर्वनाम उचित है।

'मैं पढ़ते हैं।' में सर्वनाम संबंधी त्रुटि है। यहा पर 'मैं' के स्थान पर 'हम' होगा।

'तुम बहुत बोलता है।' में क्रिया संबंधी त्रुटि है। यहाँ पर 'बोलता है' के स्थान पर 'बोलते हो' होगा।

अतः विकल्प (D) सही है।

6. 'बुरा से बुरा आदमी' वाला भाग अशुद्ध है।

'बुरा से बुरा आदमी भी सम्मान चाहता है।' अशुद्ध वाक्य है क्योंकि इसमें वचन संबंधी त्रुटि है।

वाक्य में 'बुरा से बुरा' के भाग में उचित वचन का प्रयोग नहीं है, उसके स्थान पर 'बुरे से बुरा आदमी' होगा।

अतः विकल्प (A) सही है।

7. 'सीता का चरित्र अच्छा है।' शुद्ध वाक्य है क्योंकि इसमें कोई त्रुटि नहीं है।

'सीता की चरित्र अच्छा है।' में शब्द कारक संबंधी अशुद्धि है। यहाँ 'की' के स्थान पर 'का' कारक का प्रयोग होगा।

'सीता की चरित्र अच्छी है।' वाक्य में कारक और विशेषण दोनों में अशुद्धि है। 'की/अच्छी' के स्थान पर 'का/अच्छा' का प्रयोग होना चाहिए।

'सीता का चरित्र अच्छी है।' वाक्य में विशेषण प्रयोग उचित नहीं है। 'अच्छी' के स्थान पर 'अच्छा' होना चाहिए।

अतः विकल्प (B) सही है।

8. 'भारत में अनेक जातियाँ हैं।' शुद्ध वाक्य है क्योंकि इसमें कोई त्रुटि नहीं है।

'भारत में अनेक जाति है।' में वचन संबंधी अशुद्धि है। 'जाति' के स्थान पर 'जातियाँ होना चाहिए।

'भारत में अनेकों जाति है।' वाक्य में शब्द अज्ञान और वचन संबंधी अशुद्धि है। 'अनेकों जाति' के स्थान पर 'अनेक जातियाँ' का प्रयोग होना चाहिए।

'भारत में अनेकों जातियाँ हैं।' में शब्द अज्ञान संबंधी अशुद्धि है। 'अनेकों' के स्थान पर 'अनेक' होना चाहिए।

अतः विकल्प (C) सही है।

9. 'बड़ी मुश्किल हो गई' शुद्ध वाक्य है क्योंकि अन्य विकल्पों में निजवाचक सर्वनाम संबंधी त्रुटियां हैं।

'सभी भोजन खाएँगे' वाक्य में 'खाने' के स्थान पर 'करेंगे' क्रियापद उचित है।

'ये अच्छा लड़के हैं' वाक्य में 'अच्छा' के स्थान पर 'अच्छे' वचन का प्रयोग उचित है।

'चोर दौड़ खड़ा हुआ' वाक्य में 'दौड़' के स्थान पर 'भाग' संयुक्त क्रिया का प्रयोग उचित है।

अतः विकल्प (D) सही है।

10. 'राम की आंख से आँसू बहता है।' अशुद्ध वाक्य है। इसमें वचन संबंधी त्रुटि है।

वाक्य में 'बहता है' के भाग में उचित वचन का प्रयोग नहीं है, उसके स्थान पर 'बहते हैं' वचन प्रयुक्त होगा।

अतः विकल्प (D) सही है।

11. 'इत्र महक रही है।' अशुद्ध वाक्य है क्योंकि इसमें उचित लिंग का प्रयोग नहीं है। 'रही है' स्थान पर 'रहा है' का प्रयोग होना चाहिए। क्योंकि 'इत्र' पुल्लिंग शब्द है।

अतः विकल्प (D) सही है।

12. 'हमें चलना चाहिए।' शुद्ध वाक्य है क्योंकि अन्य विकल्पों में त्रुटियां हैं।

'मैं जाऊंगा दिल्ली' वाक्य में पदक्रम सम्बन्धी त्रुटि है। 'मैं जाऊंगा दिल्ली' के स्थान पर 'मैं दिल्ली जाऊंगा' उचित होगा।

'क्यों तुम नहीं जाते वहां?' वाक्य में पदक्रम सम्बन्धी त्रुटि है। 'तुम क्यों नहीं जाते वहां?' उचित वाक्य होगा।

'बैठो और पढ़ो पुस्तक।' वाक्य में पदक्रम सम्बन्धी त्रुटि है। 'बैठो और पुस्तक पढ़ो' उचित वाक्य होगा।

अतः विकल्प (D) सही है।

13. 'आत्मा में परमात्मा निवास करती है।' अशुद्ध वाक्य है क्योंकि इसमें लिंग संबंधी त्रुटि है।

वाक्य में 'करती है' के भाग में उचित लिंग का प्रयोग नहीं है, उसके स्थान पर 'करता है' का प्रयोग उचित होगा। क्योंकि 'परमात्मा' पुल्लिंग शब्द है।

अतः विकल्प (C) सही है।

14. 'मेरा स्वास्थ ठीक है।' अशुद्ध वाक्य है क्योंकि इसमें वर्तनी संबंधी त्रुटि है।

वाक्य में 'स्वस्थ' के स्थान पर 'स्वास्थ्य' शब्द प्रयुक्त होगा।

अतः विकल्प (A) सही है।

15. 'गांधीजी चरखा कातते थे।' अशुद्ध वाक्य है क्योंकि इसमें क्रियापद सम्बन्धी त्रुटि है।

इस वाक्य में 'कातते थे' के स्थान पर 'चलाते थे' क्रियापद का प्रयोग उचित होगा।

अतः विकल्प (A) सही है।

16. 'वृक्षों पर बंदर बैठा है।' अशुद्ध वाक्य है क्योंकि इसमें वचन संबंधी त्रुटि है।

वाक्य में 'वृक्षों' के स्थान पर उचित वचन का प्रयोग नहीं है, उसके स्थान पर 'वृक्ष' का प्रयोग उचित होगा।

अतः विकल्प (C) सही है।

17. पहले विकल्प में क्रिया-विशेषण संबंधी अशुद्धि है। 'लगभग' शब्द का प्रयोग उचित नहीं है।

दूसरे विकल्प में मुहावरे संबंधी अशुद्धि है। 'गिर' के स्थान पर 'पड़' उचित होगा।

चतुर्थ विकल्प में क्रिया संबंधी अशुद्धि है। 'करता' के स्थान पर 'करते' उचित होगा।

इसलिए 'उसकी अक्ल चकरा गई।' व्याकरणिक रूप से शुद्ध वाक्य है।

अशुद्ध वाक्य	शुद्ध वाक्य
वह लगभग दौड़ रहा था।	वह दौड़ रहा था।
उस पर घड़ों पानी गिर गया।	उस पर घड़ों पानी पड़ गया।
तुम क्या काम करता हो।	तुम क्या काम करते हो।

अतः विकल्प (C) सही है।

18. विकल्प (B) में विशेषण संबंधी अशुद्धि है। 'भारी' की जगह 'बहुत' उचित होगा।

विकल्प (C) में विशेषण संबंधी अशुद्धि है। 'अपना' के स्थान पर 'अपना-अपना' उचित होगा।

विकल्प (D) में क्रिया संबंधी अशुद्धि है। 'देने' के स्थान पर 'करने' उचित होगा।

इसलिए, 'सिंह बड़ा भयानक होता है।' व्याकरणिक रूप से शुद्ध वाक्य है।

अन्य विकल्प:

अशुद्ध वाक्य	शुद्ध वाक्य
उसे भारी दुःख हुआ।	उसे बहुत दुःख हुआ।
सब लोग अपना काम करो।	सब लोग अपना-अपना काम करो।
मैं दर्शन देने आया था।	मैं दर्शन करने आया था।

अतः विकल्प (A) सही है।

19. पहले विकल्प में वचन संबंधी अशुद्धि है। 'पेड़ो' की जगह 'पेड़' उचित होगा।

तीसरे विकल्प में संज्ञा संबंधी अशुद्धि है। 'दिन' शब्द का प्रयोग उचित नहीं है।

चतुर्थ विकल्प में क्रिया संबंधी अशुद्धि है। 'हो सकता' शब्द का प्रयोग उचित नहीं है।

इसलिए 'मैं पुस्तक पढ़ता हूँ।' व्याकरणिक रूप से शुद्ध वाक्य है।

अन्य विकल्प:

अशुद्ध वाक्य	शुद्ध वाक्य
पेड़ो पर तोता बैठा है।	पेड़ पर तोता बैठा है।
मैं रविवार के दिन तुम्हारे घर आऊँगा।	मैं रविवार को तुम्हारे घर आऊँगा।

| क्या यह संभव हो सकता है। | क्या यह संभव है? |

अतः विकल्प (B) सही है।

20. पहले विकल्प में विभक्ति संबंधी अशुद्धि है। 'यह काम' की जगह 'मैंने यह काम' उचित होगा।

दूसरे विकल्प में सर्वनाम संबंधी अशुद्धि है। 'और कहा' के स्थान पर 'और उसने कहा' उचित होगा।

तीसरे विकल्प में लिंग संबंधी अशुद्धि है। 'धीमी' के स्थान पर 'धीमें' उचित होगा।

इसलिए, 'राम और सीता वन को गए।' व्याकरणिक रूप से शुद्ध वाक्य है।

अन्य विकल्प:

अशुद्ध वाक्य	शुद्ध वाक्य
यह काम नहीं किया हूँ मैं।	मैंने यह काम नहीं किया है।
वह धीमी स्वर में बोला।	वह धीमें स्वर में बोला।
गीता आई और कहा।	गीता आई और उसने कहा।

अतः विकल्प (D) सही है।

21. पहले विकल्प में विशेषण संबंधी अशुद्धि है। 'अच्छी' की जगह 'अच्छा' उचित होगा।

दूसरे विकल्प में वचन संबंधी अशुद्धि है। 'दिनों' के स्थान पर 'दिन' उचित होगा।

चतुर्थ विकल्प में लिंग संबंधी अशुद्धि है। 'आती' के स्थान पर 'आता' उचित होगा।

इसलिए, 'देश की स्थिति अच्छी नहीं है।' व्याकरणिक रूप से शुद्ध वाक्य है।

अन्य विकल्प:

अशुद्ध वाक्य	शुद्ध वाक्य
आज मौसम अच्छी नहीं है।	आज मौसम अच्छा नहीं है।
महाभारत अठारह दिनों तक चलता रहा।	महाभारत अठारह दिन तक चलता रहा।
मुझे बहुत आनन्द आती है।	मुझे बहुत आनन्द आता है

अतः विकल्प (C) सही है।

22. पहले विकल्प में सर्वनाम संबंधी अशुद्धि है। 'बुढ़ापे' की जगह 'बुढ़ापा आप से' उचित होगा।

तीसरे विकल्प में एकाधिक स्थानवाची संबंधी अशुद्धि है। 'के समय' शब्द हट जाएगा।

चतुर्थ विकल्प में काल संबंधी अशुद्धि है। 'पढ़ता' के स्थान पर 'पढ़ रहा हूँ' उचित होगा।

इसलिए 'श्रीमती गांधी भारत की प्रधानमंत्री थी।' व्याकरणिक रूप से शुद्ध वाक्य है।

अन्य विकल्प:

अशुद्ध वाक्य	शुद्ध वाक्य
बुढ़ापे उसके लिए रोग बन गया।	बुढ़ापा उसके लिए रोग बन गया।
वह सायंकाल के समय आया था।	वह सायंकाल आया था।
मैं चार घंटे पढ़ता रहा हूँ।	मैं चार घंटे से पढ़ रहा हूँ।

अतः विकल्प (B) सही है।

23. 'आयुर्वेद प्रतिरोधक क्षमता बढ़ाता है।' वाक्य शुद्ध है।

'तीन लड़की एक पुरुष से भिड़ गईं।' वाक्य में वचन संबंधी त्रुटि है। यहाँ पर 'लड़की' के स्थान पर 'लड़कियां' उचित होगा।

अतः विकल्प (B) सही है।

24. उपर्युक्त वाक्य में 'कारक संबंधी' अशुद्धि है। शुद्ध वाक्य है 'फल खूब पका होना चाहिए।' यहाँ कारक परसर्ग 'को' लगाने की आवश्यकता नहीं है। 'को' कर्म कारक द्वितीय विभक्ति का चिन्ह है।

अत: विकल्प (D) सही है।

25. 'पेड़ पर मैना बैठी है।' शुद्ध वाक्य है क्योंकि इसमें कोई त्रुटि नहीं है।

''पेड़ों पर मैना बैठी है।'' में शब्द वचन संबंधी अशुद्धि है। 'बैठे हैं' के स्थान पर 'बैठी है' का प्रयोग होना चाहिए।

अत: विकल्प (A) सही है।

26. दिए गए विकल्पों के अनुसार विकल्प "श्रीकृष्ण के अनेक नाम है।" विकल्प सटीक है।

अत: विकल्प (A) सही है।

27. यहाँ सभी वाक्य वर्तनी की दृष्टि और उच्चारण की दृष्टि से शुद्ध है, परन्तु एक भी विकल्प शुद्ध वाक्य का नहीं है।

महत्वपूर्ण बिंदु- उक्त सभी वाक्य शुद्ध होने के बावजूद त्रुटी सहित है, क्योंकि उक्त सभी वाक्यों में सार्वभौमिक सत्यता की अशुद्धता।सार्वभौमिक सत्यता की अशुद्धता- जो वाक्य सम्पूर्ण विश्व अथवा दुनिया में सत्य घटना पर आधारित हो तथा जिनके मायने सबके लिए बराबर हो, वह सार्वभौमिक शुद्धता कहलाती है, अत: सार्वभौमिक शुद्धता में त्रुटी ही सार्वभौमिक सत्यता की अशुद्धता कहलाती है।

अत: विकल्प (D) सही है।

28. दिए गए वाक्य के भाग हमारे जीवन का में त्रुटि है। यहाँ कारक सम्बन्धित त्रुटि है।

सार्थक शुद्ध वाक्य- वृक्ष पूजन का हमारे जीवन में विशेष स्थान नहीं रहा।

अत: विकल्प (A) सही है।

29. 'सीता को बड़ी प्यास लगी है।' शुद्ध वाक्य है क्योंकि इसमें कोई त्रुटि नहीं है।

'सीता को भारी प्यास लगी है।' में शब्द विशेषण संबंधी अशुद्धि है। यहाँ 'भारी' के स्थान पर 'बड़ी' विशेषण का प्रयोग होगा।

अत: विकल्प (B) सही है।

30. दिए गए विकल्पों में सही उत्तर विकल्प 'आज का जीवन अनेक तनावों से युक्त है।' होगा।

उपरोक्त सभी विकल्पों में शुद्ध वाक्य 'आज का जीवन अनेक तनावों से युक्त है।' होगा। अन्य विकल्पों में व्याकरणिक अशुद्धि हैं।

अत: विकल्प (C) सही है।

Q.1 राहत का विलोम शब्द क्या है?
A. प्रकोप **B.** सिक्त **C.** अरुचि **D.** लाघव

Q.2 "सम्पन्न" का विलोम शब्द है :-
A. अशक्य **B.** नश्तर **C.** विपन्न **D.** अशठ

Q.3 शुद्ध विलोम वाला शब्द युग्म है-
A. अंतरंग - बहिरंग **B.** राग - अनुराग
C. विज्ञ - सुविज्ञ **D.** प्राचीन - पुरातन

Q.4 'तीव्र' शब्द का विलोम है-
A. तीक्ष्ण **B.** मंद **C.** तीखा **D.** कंटक

Q.5 "आलोक" का विलोम शब्द है:
A. अदभुत **B.** अज्ञात **C.** अन्धकार **D.** रात्रि

Q.6 रिक्त स्थान में रेखांकित शब्द के उपयुक्त विलोम शब्द से पूर्ति करें:
सम्पन्न व्यक्ति _____ कि व्यथा नहीं जान सकता ।
A. आसन्न **B.** विपन्न **C.** निष्पन्न **D.** विषण

Q.7 नीचे दिए गए प्रश्न में एक शब्द के चार विलोम शब्द दिए गए हैं। सही विलोम शब्द का चयन कीजिए।
आदि
A. अंतिम **B.** अंत
C. प्रथम **D.** इनमें से कोई नहीं

Q.8 'आह्वान' का विलोम बताइए?
A. विगत **B.** विसर्जन **C.** परेक्ष **D.** विग्रह

Q.9 'कुरूप' का विलोम शब्द निम्न में से कौन सा है?
A. चुस्त **B.** संयोग **C.** सुरूप **D.** कटु

Q.10 'पुरस्कार' का विलोम शब्द निम्न में से कौन सा है?
A. सदय **B.** क्रिया **C.** काल्पनिक **D.** तिरस्कार

Q.11 कौनसा विलोम - युग्म गलत है?

[Rajasthan Police Sub Inspector, 2016]

A. मूक - वाचाल **B.** सम्पन्न - विपन्न
C. मितव्ययी - अल्पव्ययी **D.** सम्मुख - विमुख

Q.12 'विराट्' का विलोम शब्द है:
A. वृहद **B.** वृहत् **C.** छोटापन **D.** क्षुद्र

Q.13 'स्पृश्य' का विलोम शब्द है:
A. स्पृस्य **B.** अस्पृस्य **C.** अश्पृश्य **D.** अस्पृश्य

Q.14 'अज्ञ' का विलोम शब्द है:
A. विज्ञ **B.** यज्ञ **C.** सर्वज्ञ **D.** अनझ

Q.15 "थोक" का विलोम शब्द है:
A. फुटकर **B.** थाक **C.** थोया **D.** प्रयायिक

Q.16 दिए गए विकल्पो में शब्द-विलोम का कौन सा युग्म गलत है?
A. अमृत - विष **B.** आय - व्यय
C. अगम - सुगम **D.** आदान - अंत

Q.17 निम्नलिखित प्रश्न में दिए गए शब्द के विलोम के लिए चार विकल्प प्रस्तावित हैं। उचित विकल्प का चयन कीजिए।
अविश्वास
A. श्वास **B.** विश्वास **C.** सन्तोष **D.** उच्छ्वास

Q.18 उपजाऊ का विलोम है:

[UPSESSB TGT Hindi, 2015]

A. सिंचित **B.** खाद **C.** ऊसर **D.** उर्वर

Q.19 'नित्य' का विलोम है:
A. नवीन **B.** हर दम **C.** हमेशा **D.** अनित्य

Q.20 <u>सन्तोष</u> महाधन है। रेखांकित शब्द का सटीक विलोम होगा:
A. असंतोष **B.** अस्वीकार **C.** असहयोग **D.** असार

Q.21 'उपकार' शब्द का विलोम चयन कीजिये-
A. प्रतिकार **B.** परोपकार **C.** अपकार **D.** अनुपकार

Q.22 'आवेशित' शब्द का विलोम है-
A. अनावेशित **B.** अनावृष्टि **C.** अनावृत्त **D.** अनाश्रित

Q.23 'विशालकाय' का विपरीत क्या होगा?
A. सम्मुख **B.** लघुकाय **C.** क्षीणकाय **D.** स्वीकार

Q.24 शब्द मुसीबत का विलोम क्या होगा?
A. आराम **B.** पूर्ण **C.** कुरूप **D.** साधारण

Q.25 इनमें से 'उत्थान' का विलोम शब्द क्या है?
A. बंजर **B.** पतन **C.** प्रतीची **D.** उद्घाटन

Q.26 इनमें से 'एकेश्वरवाद' का विलोम शब्द क्या है?
A. बहुतंत्र **B.** बहुदेववाद
C. अनेकता **D.** इनमें से कोई नहीं

Q.27 'अरुचि' शब्द का विलोम क्या होगा?
A. सुकीर्ति **B.** रुचि **C.** बहुसंख्यक **D.** अलग

Q.28 इनमें से 'नूतन' का विलोम शब्द क्या है?
A. पुरातन **B.** कृतघ्न
C. तरल **D.** इनमें से कोई नहीं

Q.29 दिए गए विकल्पों में से 'निरामिष' का विलोम क्या होगा?
A. परामिष **B.** शाकाहारी **C.** सामिष **D.** कोई नहीं

Q.30 'निर्दय' शब्द का विलोम है:
A. सह्य **B.** सहृदय **C.** सदय **D.** सभय

// स्मार्ट उत्तर पुस्तिका //

सही उत्तर — उन छात्रों का प्रतिशत जिन्होंने प्रश्नों का सही उत्तर दिया था।   **छोड़ दिया** — उन छात्रों का प्रतिशत जिन्होंने प्रश्नों को छोड़ दिया था।

प्रश्न संख्या	उत्तर	सही उत्तर / छोड़ दिया	प्रश्न संख्या	उत्तर	सही उत्तर / छोड़ दिया	प्रश्न संख्या	उत्तर	सही उत्तर / छोड़ दिया	प्रश्न संख्या	उत्तर	सही उत्तर / छोड़ दिया	प्रश्न संख्या	उत्तर	सही उत्तर / छोड़ दिया	प्रश्न संख्या	उत्तर	सही उत्तर / छोड़ दिया
1	A	83.41 % / 10.92 %	6	B	88.34 % / 11.35 %	11	C	88.58 % / 10.66 %	16	D	89.7 % / 10.13 %	21	C	76.35 % / 20.19 %	26	B	82.05 % / 11.49 %
2	C	88.95 % / 10.34 %	7	B	81.81 % / 12.53 %	12	D	86.91 % / 10.79 %	17	B	78.42 % / 14.36 %	22	A	81.45 % / 12.75 %	27	B	84.88 % / 10.45 %
3	A	80.67 % / 12.24 %	8	B	79.46 % / 13.78 %	13	D	86.35 % / 12.21 %	18	C	80.14 % / 10.09 %	23	B	84.5 % / 11.97 %	28	A	86.86 % / 12.16 %
4	B	84.65 % / 14.3 %	9	C	82.41 % / 11.46 %	14	A	79.24 % / 12.28 %	19	D	88.64 % / 10.49 %	24	A	84.35 % / 11.37 %	29	C	76.23 % / 21.67 %
5	C	80.67 % / 15.93 %	10	D	84.69 % / 11.52 %	15	A	84.52 % / 13.44 %	20	A	78.85 % / 18.31 %	25	B	87.06 % / 12.58 %	30	C	76.48 % / 19.53 %

//संकेत और समाधान//

1. 'राहत' का विलोम 'प्रकोप' है। विलोम- विलोम का अर्थ होता है उल्टा। जब किसी शब्द का उल्टा या विपरीत अर्थ दिया जाता है उस शब्द को विलोम शब्द कहते हैं अर्थात एक–दूसरे के विपरीत या उल्टा अर्थ देने वाले शब्दों को विलोम शब्द कहते हैं। इसे विपरीतार्थक शब्द भी कहते हैं।
अतः विकल्प (A) सही है।

2. 'सम्पन्न' का अर्थ है भली भाँति युक्त (जैसे—धन संपन्न, विद्या संपन्न), अमीर, धनी, धनवान् इत्यादि।

'विपन्न' का अर्थ है विपत्तिग्रस्त, दुखी इत्यादि है।

अतः विकल्प (C) सही है।

3. शुद्ध विलोम वाला शब्द युग्म है - अंतरंग - बहिरंग । अन्य तीनों जोड़ी एक ही अर्थ वाली है।

अतः विकल्प (A) सही है।

4. तीव्र शब्द का विलोम मंद है।

तीव्र का अर्थ है: तेज़, तीक्ष्ण।

जबकि मंद का अर्थ है: धीमा या सुस्त।

अतः विकल्प (B) सही है।

5. आलोक का अर्थ होता है - देखना, दर्शन, दृष्टि, प्रकाश, रोशनी आदि।

इसका विलोम है - अन्धकार, तिमिर, तम आदि।
अतः विकल्प (C) सही है।

6. सम्पन्न का अर्थ होता है भली भाँति युक्त, अमीर, धनी, धनवान आदि।

जबकि विपन्न का अर्थ है - विपत्तिग्रस्त, दुखी, अभावग्रस्त आदि।
अतः विकल्प (B) सही है।

7. आदि का अर्थ होता है - आरंभ, शुरू।

इसका विलोम शब्द अंत होगा।
अतः विकल्प (B) सही है।

8. आह्वान का अर्थ है होता है पुकार, बुलावा। जबकि विसर्जन का अर्थ होता है - त्यागना। इसलिए आह्वान का उपयुक्त विलोम शब्द विसर्जन है।
अतः विकल्प (B) सही है।

9. उपरोक्त विकल्प में सही उत्तर 'सुरूप' है। अन्य सभी विकल्प असंगत है।

चुस्त: जो शिथिल, आलसी न हो, फुर्तीला

संयोग: मिलना, मेल

कटु: अप्रिय, कड़ुआ

अतः विकल्प (C) सही है।

10. उपरोक्त विकल्प में सही उत्तर 'तिरस्कार' है। अन्य विकल्प असंगत है।

सदय: दयालु

क्रिया: कुछ करना, धार्मिक कर्म

काल्पनिक: कल्पना से उत्पन्न हुआ, कल्पित, मनगढ़ंत

अतः विकल्प (D) सही है।

11. मितव्ययी - अल्पव्ययी , विलोम - युग्म गलत है।

अतः विकल्प (C) सही है।

12. विराट् का अर्थ है - बड़े पैमाने पर, बहुत बड़ा, विशाल सानुपातिक, राजसी

क्षुद्र का अर्थ है - छोटा, नीच, अधम
अतः विकल्प (D) सही है।

13. स्पृश्य का अर्थ होता है - स्पर्श करने के लायक, छूने योग्य, जिसे छूने में कोई दोष न हो।

अस्पृश्य का अर्थ होता है - जो छूने के योग्य न हो, अछूत, जिसका स्पर्श न हो सके।
अतः विकल्प (D) सही है।

14. अज्ञ का अर्थ होता है - ज्ञानशून्य, मूर्ख आदि।

विज्ञ का अर्थ होता है - जानकार, विद्वान, ज्ञाता आदि।
अतः विकल्प (A) सही है।

15. थोक का अर्थ होता है- राशि, ढेर, एकत्र किया हुआ माल इत्यादि।

फुटकर का अर्थ होता है- अकेला, अलग, कई मेल का इत्यादि।
अतः विकल्प (A) सही है।

16. दिए गए विकल्पो में "आदान - अंत" युग्म गलत हैं।

"आदान" का विलोम "प्रदान" होगा

जबकि "अंत", "आदि" का विलोम होगा।
अतः विकल्प (D) सही है।

17. अविश्वास का अर्थ है विश्वास का न होना।

इसका उचित विलोम शब्द "विश्वास" होगा।
अतः विकल्प (B) सही है।

18. उपजाऊ का विलोम- ऊसर है।

उपजाऊ शब्द का अर्थ- उर्वर, अधिक अनाज पैदा करने वाली जमीन।

अतः विकल्प (C) सही है।

19. नित्य का विलोम अनित्य है।

नित्य का अर्थ है -प्रतिदिन, हर रोज़,एक भी दिन नागा किए बिना।

वाक्य में प्रयोग: वह नित्य ६ घंटे पढ़ाई करता है।

अतः विकल्प (D) सही है।

20. दिये गये वाक्य में रेखांकित शब्द 'संतोष' का सटीक विलोम 'असंतोष' होगा।

अस्वीकार का विलोम स्वीकार, सहयोग का विलोम असहयोग तथा असार का विलोम सारगर्भित होगा।

अतः विकल्प (A) सही है।

21. 'उपकार' शब्द का विलोम अपकार होता है।

जबकि दूसरे पर किया गया उपकार - परोपकार और उपकार के प्रति किया गया उपकार प्रत्युपकार होता है।

अतः विकल्प (C) सही है।

22. आवेशित' का विलोम शब्द 'अनावेशित' होता है।

'अतिवृष्टि' का विलोम शब्द 'अनावृष्टि' तथा 'आश्रित' का विलोम शब्द 'अनाश्रित' होता है।

अतः विकल्प (A) सही है।

23. उपर्युक्त विकल्पों में से विकल्प (B) 'लघुकाय' इसका सही उत्तर है। अन्य विकल्प इसके सही उत्तर नहीं हैं।

विशालकाय का अर्थ – विशाल शरीरवाला।

लघुकाय का अर्थ – दुर्बल शरीरवाला।

अतः विकल्प (B) सही है।

24. दिए गए विकल्पों में से 'मुसीबत' शब्द का विलोम शब्द आराम है। इसलिए सही विकल्प आराम है।

शब्दार्थ

'मुसीबत' का अर्थ कष्ट होता है जबकि 'आराम' का अर्थ सुख, प्रसन्नता है, इसलिए ये परस्पर विलोम शब्द है।

अन्य विकल्प

शब्द	अर्थ
पूर्ण	पूरी तरह से युक्त, पूर्णतः भरा हुआ
कुरूप	बदसूरत
साधारण	सामान्य, मामूली

अतः विकल्प (A) सही है।

25. 'उत्थान' का विलोम शब्द 'पतन' है।

उत्थान का अर्थः उठाना

पतन का अर्थः गिरने वाला

अन्य विकल्पः

शब्द	विलोम
उपजाऊ	बंजर
उदीची	प्रतीची
समापन	उद्घाटन

अतः विकल्प (B) सही है।

26. एकेश्वरवाद का अर्थः वह सिद्धांत जिसमें एक ईश्वर को ही संसार का सृजन और नियमन करने वाली सर्वोच्च शक्ति माना गया है।

बहुदेववाद का अर्थः अनेक देवी-देवताओं को माननेवाला धर्म।

अन्य विकल्पः

शब्द	विलोम
एकतंत्र	बहुतंत्र
एकता	अनेकता

अतः विकल्प (B) सही है।

27. अरुचि का अर्थः इच्छा न होने का भाव

रुचि का अर्थः इच्छा

अन्य विकल्पः

शब्द	विलोम
अपकीर्ति	सुकीर्ति
अल्पसंख्यक	बहुसंख्यक
इकट्ठा	अलग

अतः विकल्प (B) सही है।

28. उपर्युक्त विकल्पों में 'पुरातन' इसका सही उत्तर है।

नूतन का अर्थ – नया।

पुरातन का अर्थ – पुराना।

शब्द	विलोम
कृतज्ञ	कृतघ्न

ठोस	तरल

अतः विकल्प (A) सही है।

29. 'निरामिष' का सही विलोम शब्द 'सामिष' है।

'निरामिष' अर्थत मांस रहित या मांस न खाने वाला, शाकाहारी

'सामिष' अर्थत मांस से युक्त, मांसाहारी।

विलोम/ विपरीतार्थक शब्द- विपरीत (उल्टा) अर्थ बताने वाले शब्दों को विलोम शब्द कहते हैं। विलोम शब्दों को प्रतिलोमार्थक और विपरीतार्थक शब्द भी कहते हैं।

अतः विकल्प (C) सही

30. निर्दय का अर्थ - दया–हीन, अत्यंत कठोर, निष्ठुर

सदय का अर्थ - दयालु

अतः विकल्प (C) सही है।

Q.1 'समादर' व ' संरक्षण' में उपसर्ग है:
A. सम्   B. प्रति   C. वि   D. उ

Q.2 'प्रत्युपकार व प्रत्युपदेश में कौन उपसर्ग निहित है?
A. प्रत्य   B. प्रति   C. नि   D. प्रत्

Q.3 'पर' उपसर्ग किसमें है:
A. परिचय   B. परसाल   C. पराजय   D. प्रकंप

Q.4 किस शब्द में उपसर्ग नहीं है:
A. अपवाद   B. पराजय   C. प्रभाव   D. ओढ़ना

Q.5 'औपचारिक' शब्द में प्रत्यय है:
A. अ   B. रिक   C. इक   D. क

Q.6 'सावधानी' में कौन सा प्रत्यय है?
[UPSSSC Village Development Officer, 2018]
A. नी   B. धानी   C. ई   D. आनी

Q.7 उपसर्ग का प्रयोग होता है-
A. शब्द के आदि में   B. शब्द के मध्य में
C. शब्द के अन्त में   D. इनमें से कोई नहीं

Q.8 निम्नलिखित में से किस शब्द में प्रत्यय नहीं है?
A. गुणवान   B. दूजा   C. इकहरा   D. दुबला

Q.9 "धुंधला" शब्द में प्रयुक्त प्रत्यय है-
A. धूं
C. ला   B. धुंध
D. इनमे से कोई नहीं

Q.10 'अन' प्रत्यय से बना शब्द निम्न में से कौन-सा है?
A. मिलन   B. बंधन   C. छलनी   D. फूंकनी

Q.11 किस शब्द में 'औटी' प्रत्यय का प्रयोग है?
A. उतारू   B. कटनी   C. कसौटी   D. बंधन

Q.12 'अधिकारी' में उपसर्ग कौन सा है?
A. अ   B. अधि   C. री   D. ई

Q.13 'विचार' में 'इक' प्रत्यय लगाने से बनता शब्द:
A. वेचारिक   B. विचारिक   C. विचौरिक   D. वैचारिक

Q.14 भलाई में प्रत्यय है-
A. ई   B. आई   C. लाई   D. भ

Q.15 'बिला' उपसर्ग से बना शब्द इनमे से कौन सा है?
A. बेदाग़   B. बाकायदा   C. बदनाम   D. बिलाकसूर

Q.16 'सु' उपसर्ग से बना शब्द है?
A. ससुराल   B. ससुर   C. सकुशल   D. सुबोध

Q.17 किसमें 'परा' उपसर्ग है?
A. पराधीन   B. पराजय   C. परंपरा   D. परादेश

Q.18 किस शब्द में 'खुश' उपसर्ग नहीं है?
A. खुशहाल   B. अधिगृह   C. ख़ुशनुमा   D. खुशगवार

Q.19 'कडवाहट' शब्द में कौन सा प्रत्यय है?

A. आहट   B. हट   C. ट   D. वाहट

Q.20 'बादामी' शब्द में कौन-सा प्रत्यय है?
A. आमी   B. मी   C. अमी   D. ई

Q.21 "अभ्यागत" शब्द में कौन सा उपसर्ग है?
A. अभि   B. अभ्   C. अभ्य   D. अ

Q.22 धातु में प्रत्यय जोड़ने से बने शब्द कहलाते हैं:
A. विशेषण   B. कृदन्त   C. क्रिया   D. तद्धितांत

Q.23 कृदन्त प्रत्यय किन शब्दों के साथ जुड़ते है
A. संज्ञा   B. सर्वनाम   C. विशेषण   D. क्रिया

Q.24 'प्रति' उपसर्ग से बना शब्द निम्न में से कौन है?
A. प्रतिकूल   B. प्रस्थान   C. प्राप्त   D. प्राप्तांक

Q.25 निम्न विकल्पो में से **'अत्यन्त'** का उपसर्ग बताइए।
A. अ   B. अत   C. अत्य   D. अति

Q.26 'सब' उपसर्ग बना शब्द इनमे से कौन सा है ?
A. सहपाठी   B. सत्कर्म
C. सबइंस्पेक्टर   D. सरपंच

Q.27 'तिया' प्रत्यय से बना शब्द निम्न में से कौन-सा है?
A. कलकतिया   B. पटनिया
C. बंगाली   D. टुकड़ी

Q.28 'या' प्रत्यय से बना शब्द निम्न में से कौन-सा है?
A. अपनायत   B. बोया   C. अच्छाई   D. पण्डिताई

Q.29 निम्नलिखित शब्दों में से किस शब्द में प्रत्यय है?
A. निकाय   B. ऊंचाई   C. दुर्बोध   D. आत्मकथा

Q.30 'प्रसाधन' शब्द में कौन-सा उपसर्ग का प्रयोग हुआ है?
A. प्रति   B. प्र   C. पुरा   D. पुनः

// स्मार्ट उत्तर पुस्तिका //

सही उत्तर — उन छात्रों का प्रतिशत जिन्होंने प्रश्नों का सही उत्तर दिया था।

छोड़ दिया — उन छात्रों का प्रतिशत जिन्होंने प्रश्नों को छोड़ दिया था।

प्रश्न संख्या	उत्तर	सही उत्तर / छोड़ दिया	प्रश्न संख्या	उत्तर	सही उत्तर / छोड़ दिया	प्रश्न संख्या	उत्तर	सही उत्तर / छोड़ दिया	प्रश्न संख्या	उत्तर	सही उत्तर / छोड़ दिया	प्रश्न संख्या	उत्तर	सही उत्तर / छोड़ दिया	प्रश्न संख्या	उत्तर	सही उत्तर / छोड़ दिया
1	A	89.22 % / 10.35 %	6	C	78.17 % / 11.85 %	11	C	88.18 % / 10.14 %	16	D	85.36 % / 11.9 %	21	A	77.27 % / 19.77 %	26	C	87.02 % / 10.97 %
2	B	82.58 % / 11.51 %	7	A	80.99 % / 12.34 %	12	B	77.16 % / 13.76 %	17	B	77.67 % / 19.3 %	22	B	81.81 % / 12.19 %	27	A	89.38 % / 10.13 %
3	B	76.53 % / 17.63 %	8	D	76.53 % / 23.36 %	13	D	79.7 % / 10.32 %	18	B	76.44 % / 13.92 %	23	D	87.93 % / 10.39 %	28	B	84.37 % / 12.91 %
4	D	80.6 % / 16.08 %	9	C	85.18 % / 14.56 %	14	B	79.95 % / 14.77 %	19	A	82.62 % / 15.32 %	24	A	83.8 % / 11.94 %	29	B	79.27 % / 15.59 %
5	C	86.37 % / 13.15 %	10	A	76.5 % / 19.28 %	15	D	85.62 % / 13.09 %	20	D	80.49 % / 12.69 %	25	D	78.63 % / 20.43 %	30	B	86.5 % / 11.25 %

//संकेत और समाधान//

1. 'समादर' व ' संरक्षण' में "सम्" उपसर्ग है।

"सम्" शब्द से बने अन्य शब्द संयम, संयोग, संकीर्ण आदि हैं।

जो शब्दांश शब्दों के प्रारम्भ में जुड़ कर उनके अर्थ में कुछ विशेषता लाते हैं, वे उपसर्ग कहलाते हैं।

अतः विकल्प (A) सही है।

2. 'प्रत्युपकार व प्रत्युपदेश में "प्रति" उपसर्ग निहित है।

"प्रति" उपसर्ग से बने अन्य शब्द प्रतिदिन, प्रतिवेदन, आदि हैं।

जो शब्दांश शब्दों के प्रारम्भ में जुड़ कर उनके अर्थ में कुछ विशेषता लाते हैं, वे उपसर्ग कहलाते हैं।

अतः विकल्प (B) सही है।

3. दिए गए विकल्पों में 'परसाल' शब्द में 'पर' उपसर्ग है।

'परसाल' शब्द 'पर + साल = परसाल'

परसाल का अर्थ पिछले साल या अगले साल है।

जो शब्दांश शब्दों के प्रारम्भ में जुड़ कर उनके अर्थ में कुछ विशेषता लाते हैं, वे उपसर्ग कहलाते हैं।

अतः विकल्प (B) सही है।

4. दिए गए विकल्पों में से 'ओढ़ना' शब्द में उपसर्ग नहीं है।

ओढ़ना शब्द 'ना' प्रत्यय लगा कर बना है।

जो शब्दांश शब्दों के प्रारम्भ में जुड़ कर उनके अर्थ में कुछ विशेषता लाते हैं, वे उपसर्ग कहलाते हैं।

अतः विकल्प (D) सही है।

5. 'औपचारिक' शब्द में 'इक' प्रत्यय लगा है।

औपचारिक शब्द का विग्रह - उपचार + इक

जो शब्दांश, शब्द के अंत में लगकर विशेष अर्थ को प्रकट करते है, उसे प्रत्यय कहा जाता है।

अतः विकल्प (C) सही है।

6. 'सावधानी' शब्द में 'ई' प्रत्यय का प्रयोग हुआ है।

वे शब्दांश जो शब्दों के अंत में जुड़कर उनके अर्थ में विशेषता लाते हैं, प्रत्यय कहलाते हैं। 'ई' प्रत्यय से बनने वाले अन्य शब्द किसानी, बदमाशी, महाजनी, दलाली, जालसाजी आदि हैं।

अतः विकल्प (C) सही है।

7. उपसर्ग का प्रयोग शब्द के आदि में होता है।

जो शब्दांश शब्दों के आदि में जुड़कर उनके अर्थ में परिवर्तन कर देते हैं, उपसर्ग कहलाते हैं। जैसे- जय शब्द का अर्थ विजय से है परन्तु इस शब्द के आगे 'परा' उपसर्ग जोड़ देने से पराजय शब्द बन जाता है जिसका अर्थ हारने से है।

अतः विकल्प (A) सही है।

8. 'दुबला' शब्द में कोई प्रत्यय नहीं है।

इसमें 'दु' उपसर्ग का प्रयोग हुआ है। 'गुणवान' में 'वान' प्रत्यय है 'इकहरा' में 'हरा' प्रत्यय तथा 'दूजा' में 'आ' प्रत्यय है।

अतः विकल्प (D) सही है।

9. "धुंधला" शब्द में प्रयुक्त प्रत्यय "ला" है।

प्रत्यय, वह अव्यय है जो किसी शब्द के बाद लगकर शब्द का अर्थ परिवर्तित कर देता है।

अतः विकल्प (C) सही है।

10. मिलन = मिल + अन, इसमें भाववाचक कृदंत प्रत्यय है।

- भाववाचक कृदंत प्रत्यय - ऐसे प्रत्यय जो शब्दों में जुड़ने के बाद उन शब्दों को भाववाचक संज्ञा में बदल देते हैं, वे भाववाचक कृदंत प्रत्यय कहलाते हैं।
- जैसे- लेखन, पठन, गमन आदि।

अतः विकल्प (A) सही है।

11. कसौटी = कस + औटी इसमें कृत् प्रत्यय है।

कृत् प्रत्यय - जो प्रत्यय क्रिया के मूल रूप (धातु) से जोड़े जाते हैं, कृत् प्रत्यय कहलाते हैं।

अतः विकल्प (C) सही है।

12. 'अधिकारी' में 'अधि' उपसर्ग है। अधि उपसर्ग से निर्मित अन्य शब्द हैं- अधिराज्य, अधिलाभ, अधिगत, अधिकरण आदि।

संस्कृत एवं संस्कृत से उत्पन्न भाषाओं में उस अव्यय या शब्द को उपसर्ग कहते हैं जो कुछ शब्दों के आरम्भ में लगकर उनके अर्थों का विस्तार करता है अथवा उनमें कोई विशेषता उत्पन्न करता है।

अतः विकल्प (B) सही है।

13. 'विचार' में 'इक' प्रत्यय लगाने से 'वैचारिक' शब्द बनेगा।

प्रत्यय का अर्थ है 'पीछे लगना' अर्थात् वे शब्द जो किसी शब्द में पीछे जुड़कर नये शब्द बनाते है, प्रत्यय कहलाते हैं।

अतः विकल्प (D) सही है।

14. जो शब्दांश शब्दों के अंत में जुड़कर उनके अर्थ विशेषता या परिवर्तन ला देते हैं, प्रत्यय कहलाते हैं, जैसे-भलाई, पढ़ाई, सिलाई शब्दों में 'आई' प्रत्यय लगा है।

अतः विकल्प (B) सही है।

15. दिए गए विकल्पों में 'बिला' उपसर्ग बना शब्द बिलाकसूर है।

अन्य विकल्प:

शब्द	उपसर्ग
बेदाग	बे
बाकायदा	बा
बदनाम	बद

अतः विकल्प (D) सही है।

16. दिए गए विकल्पों में 'सुबोध' शब्द में 'सु' उपसर्ग है।

सु + बोध = सुबोध, यह विशेषण शब्द है।

इसका अर्थ है सरल और बोधगम्य।

जो शब्दांश शब्दों के प्रारम्भ में जुड़ कर उनके अर्थ में कुछ विशेषता लाते हैं, वे उपसर्ग कहलाते हैं।

अतः विकल्प (D) सही है।

17. 'पराजय' शब्द में 'परा' उपसर्ग है।

पराजय शब्द का संधि विच्छेद 'परा + जय = पराजय' होगा।

परा संस्कृत भाषा के 22 उपसर्गों में से एक है। इसलिये इसे संस्कृत भाषा से लिया हुआ उपसर्ग माना जाता है।

जो शब्दांश शब्दों के प्रारम्भ में जुड़ कर उनके अर्थ में कुछ विशेषता लाते हैं, वे उपसर्ग कहलाते हैं।

अतः विकल्प (B) सही है।

18. अधिगृह = 'अधि' + 'गृह'

'खुश' उपसर्ग से बनने वाले अन्य शब्द - खुशनुमा, खुशगवार, खुशमिज़ाज आदि।

'खुश' का अर्थ – श्रेष्ठता के अर्थ में

अतः विकल्प (B) सही है।

19. 'कडवाहट' शब्द में 'आहट' प्रत्यय है।

- जो शब्द पीछे लगकर विशेष अर्थ को प्रकट करते है, उसे प्रत्यय कहा जाता है।

अतः विकल्प (A) सही है।

20. 'बादामी' शब्द में मूल शब्द 'बादाम' है और 'ई' प्रत्यय का योग है। अर्थात बादाम + ई = बादामी

अतः विकल्प (D) सही है।

21. उपसर्ग दो शब्दों से मिलकर बना होता है उप+सर्ग। उप का अर्थ होता है समीप और सर्ग का अर्थ होता है सृष्टि करना। उपसर्ग वे शब्द हैं जो अन्य शब्दों के पहले में जुड़कर उनके अर्थ में कुछ विशेषता लाते हैं, उपसर्ग कहते हैं।

उपसर्ग + अन्य शब्द = नया शब्द

अभ्यागत = अभि + आगत (अभ्यागत शब्द में अभि उपसर्ग का प्रयोग किया गया है)

अभि उपसर्ग का अर्थ - निकट

अतः विकल्प (A) सही है।

22. धातु पदों को नाम पद बनाने वाले प्रत्ययों को कृत् प्रत्यय कहते है और कृत् प्रत्यय के प्रयोग होने से जिन नए शब्दों का निर्माण होता है उन्हें कृदन्त शब्द कहते हैं।

प्रत्यय वे शब्द हैं जो दूसरे शब्दों के अन्त में जुड़कर, अपनी प्रकृति के अनुसार, शब्द के अर्थ में परिवर्तन कर देते हैं।

अतः विकल्प (B) सही है।

23. कृदन्त प्रत्यय क्रिया के शब्दों के साथ जुड़ते है। धातु पदों को नाम पद बनाने वाले प्रत्ययों को कृत् प्रत्यय कहते है और कृत् प्रत्यय के प्रयोग होने से जिन नए शब्दों का निर्माण होता है उन्हें कृदन्त प्रत्यय कहते हैं। जिस शब्द के द्वारा किसी कार्य के करने या होने का बोध होता है उसे क्रिया कहते है।

अतः विकल्प सही (D) है।

24. प्रतिकूल शब्द प्रति उपसर्ग से मिलकर बना हुआ है, अतः सही विकल्प प्रतिकूल ही होगा।

विशेष:

जो शब्द किसी शब्द के आगे लगकर नए शब्द का सार्थक निर्माण करते है, उपसर्ग कहलाते है।

जैसे-

प्रति- प्रतिकूल, प्रतिकाल

अ - अभाव, अकाल

अत : विकल्प (A) सही है।

25. 'अत्यन्त' शब्द में अति उपसर्ग है। अन्य विकल्प असंगत है। इसलिए सही उत्तर विकल्प (D) अति होगा।

उपसर्ग	अर्थ	उदाहरण
अति	अधिक, ऊपर, उस पार	अतिकाल, अत्याचार, अतिकर्मण, अतिरिक्त, अतिशय, अत्यन्त, अत्युक्ति, अतिक्रमण, इल्यादि ।

अतः विकल्प (D) सही है।

26. दिए गए विकल्पों में 'सब' उपसर्ग बना शब्द सबइंस्पेक्टर है। अन्य विकल्प सटीक उत्तर नहीं है।

अन्य विकल्प:

उपसर्ग	शब्द
सह	सहपाठी
सत	सत्कर्म
सर	सरपंच

अतः विकल्प (C) सही है।

27. दिए गए सभी विकल्पों में 'कलकतिया' शब्द में 'तिया' प्रत्यय का योग है, अन्य सभी विकल्प का कोई सार्थक अर्थ न होने की वजह से वह गलत हैं। इसलिए, विकल्प (A) 'कलकतिया' इसका सही उत्तर है।

कलकतिया = कलक + तिया। इसमें स्थानवाचक तद्धित प्रत्यय है।

स्थानवाचक तद्धित प्रत्यय - ऐसे प्रत्यय जिनसे हमें किसी स्थान का बोध हो वे प्रत्यय स्थानवाचक तद्धित प्रत्यय कहलाते हैं।

जैसे- तिरहुतिया।

अतः विकल्प (A) सही है।

28. दिए गए सभी विकल्पों में 'बोया' शब्द में 'या' प्रत्यय का योग है, अन्य सभी विकल्प का कोई सार्थक अर्थ न होने की वजह से वह गलत हैं। इसलिए, विकल्प (B) 'बोया' इसका सही उत्तर है।

बोया = बो + या। इसमें क्रियावाचक कृदंत प्रत्यय है।

क्रियावाचक कृदंत प्रत्यय - ऐसे प्रत्यय से बने हुए शब्द जिनसे क्रिया के होने का पता चले तो वह क्रियावाचक कृदंत प्रत्यय कहलाते हैं।

जैसे- खोया।

अतः विकल्प (B) सही है।

29. दिए गए विकल्पों में से 'ऊंचाई' शब्द 'आई' प्रत्यय के योग से बना है, 'ऊंचा + आई = ऊंचाई'।

यह भाववाचक प्रत्यय है।

अन्य सभी शब्द उपसर्ग के योग से निर्मित हैं।

नि + काय = निकाय अर्थात समूह, झुंड, संगठित, समूह।

दुर + बोध = दुर्बोध अर्थात जो कठिनता से समझ में आए।

आत्म + कथा = आत्मकथ अर्थात अपने संबंध में आप बताया हुआ, जीवनमृत।

अतः विकल्प (B) सही है।

30. 'प्रसाधन' शब्द में 'प्र' उपसर्ग का प्रयोग हुआ है। जिसमे मूल शब्द 'साधन' एवं उपसर्ग 'प्र' है। इसलिए सही विकल्प 'प्र' है।

अतः विकल्प (B) सही है।

Q.1 'सत्यवान' शब्द का स्त्रीलिंग रूप क्या होता है?

A. सत्यी   B. सत्यवी   C. सत्यवती   D. सत्यावी

Q.2 "भगवान्" का स्त्रीलिंग शब्द होगाः

A. देवी   B. भगवती   C. भाग्यवान   D. लक्ष्मी

Q.3 निम्न में से कौन सा विकल्प पुल्लिंग है?

A. खोज   B. घूस   C. आइना   D. चील

Q.4 निम्न विकल्पों में से कौन सा स्त्रीलिंग शब्द है?

A. गुलाब   B. चतुराई   C. पूज्य   D. आयात

Q.5 'आयुष्मान' शब्द का स्त्रीलिंग रूप क्या है?

A. आयुष्मन   B. आयुष्मानी   C. आयुषी   D. आयुष्मती

Q.6 निम्नलिखित में स्त्रीलिंग कौन सा शब्द है?

A. मामा   B. नाना   C. चाचा   D. माँ

Q.7 'गठरी' शब्द है?

[UPSESSB TGT Hindi, 2019]

A. स्त्रीलिंग   B. पुल्लिंग
C. विधिलिंग   D. नपुंसकलिंग

Q.8 निम्न में से कौन सा शब्द स्त्रीलिंग नहीं है?

A. चैत्र   B. चीनी   C. रुसी   D. अवधी

Q.9 हिन्दी भाषा में लिंग के कितने भेद हैं?

A. तीन   B. दो   C. चार   D. पाँच

Q.10 निम्न में से स्त्रीलिंग शब्द का चयन करें।

A. साधन   B. आग   C. अकाल   D. सफ़र

Q.11 निम्नलिखित में कौन-सा शब्द पुल्लिंग नहीं है?

A. अकाल   B. खटमल   C. जीभ   D. आयोजन

Q.12 निम्नांकित शब्दों में स्त्रीलिंग छाँटिए:

A. गगन   B. समझ   C. पक्षी   D. लोहा

Q.13 निम्नलिखित में से कौन-सा शब्द युग्म गलत है?

A. स्वामी-स्वामिनी   B. बाल-बाला
C. सुत-सुता   D. नर मछली-मादा मछली

Q.14 "गोप" शब्द का स्त्रीलिंग शब्द क्या होगा?

A. ग्वालिन   B. गोपना
C. गोपी   D. इनमें से कोई नहीं

Q.15 निम्नलिखित शब्दों में स्त्रीलिंग का चयन कीजिए?

A. वसंत   B. शरद   C. पांवस   D. शिशिर

Q.16 'अदालत' शब्द का लिंग _______ है।

A. पुल्लिंग   B. स्त्रीलिंग
C. नपुंसकलिंग   D. उभयलिंग

Q.17 निम्न में से स्त्रीलिंग शब्द का चयन करें -

A. साधन   B. आग   C. अकाल   D. सफ़र

Q.18 उचित पुल्लिंग शब्द समूह है -

A. घर, हिमालय, पेड़   B. घर, हिमालय, गंगा
C. पेड़, गंगा, खाट   D. खाट, घर, पेड़

Q.19 निम्न विकल्पों में से उचित 'शब्द - लिंग युग्म' का चयन करें -

A. गरिमा - पुल्लिंग   B. यमुना - पुल्लिंग
C. कपाट - पुल्लिंग   D. परिवर्तन - स्त्रीलिंग

Q.20 निम्नलिखित में से कौन सा शब्द स्त्रीलिंग है?

A. चीता   B. घोड़ा   C. अवस्था   D. गला

Q.21 'तपस्वी' शब्द का अन्य लिंग है:

A. तपस्विन   B. तपस्वी   C. तपस्वन   D. तपस्विनी

Q.22 बकरी शब्द का पुल्लिंग रूप है:

A. भेड़   B. नर बकरिया
C. बकरिया   D. बकरा

Q.23 निम्नलिखित में से कौन सा शब्द स्त्रीलिंग है?

A. गुलाब   B. फूल   C. मण्डल   D. बनावट

Q.24 निम्नलिखित प्रश्न में, चार विकल्पों में से, उस विकल्प का चयन करें, जो सही स्त्रीलिंग वाला विकल्प है:

A. सूत   B. तारा   C. घास   D. टोपा

Q.25 निम्न में से कौन सा शब्द स्त्रीलिंग नहीं है?

A. पुजारी   B. रस्सी   C. दासी   D. विधात्री

Q.26 'इंद्र' का स्त्रीलिंग शब्द क्या होगा?

A. इंद्री   B. इंद्राणी   C. इंद्रिय   D. इंद्रा

Q.27 निम्नलिखित में कौन-सा शब्द पुल्लिंग है?

A. लज्जा   B. बनावट   C. वीरवार   D. जूं

Q.28 निम्नलिखित में कौन सा शब्द पुल्लिंग शब्द नहीं है?

A. पंखा   B. नमक   C. प्रकृति   D. चाँद

Q.29 निम्नलिखित में से कौन-सा शब्द का स्त्रीलिंग नहीं है?

A. दया   B. बुढ़ापा
C. सुबह   D. अध्यापिका

Q.30 निम्नलिखित विकल्पों में पुल्लिंग शब्द बताइए।

A. लोटा   B. सभा   C. धाय   D. सड़क

// स्मार्ट उत्तर पुस्तिका //

सही उत्तर	उन छात्रों का प्रतिशत जिन्होंने प्रश्नों का सही उत्तर दिया था।	छोड़ दिया	उन छात्रों का प्रतिशत जिन्होंने प्रश्नों को छोड़ दिया था।

प्रश्न संख्या	उत्तर	सही उत्तर / छोड़ दिया	प्रश्न संख्या	उत्तर	सही उत्तर / छोड़ दिया	प्रश्न संख्या	उत्तर	सही उत्तर / छोड़ दिया	प्रश्न संख्या	उत्तर	सही उत्तर / छोड़ दिया	प्रश्न संख्या	उत्तर	सही उत्तर / छोड़ दिया	प्रश्न संख्या	उत्तर	सही उत्तर / छोड़ दिया
1	C	85.07 % / 12.93 %	6	D	80.12 % / 19.01 %	11	C	88.55 % / 11.45 %	16	B	82.95 % / 14.9 %	21	D	87.12 % / 12.52 %	26	B	86.49 % / 11.09 %
2	B	83.48 % / 16.37 %	7	A	78.83 % / 11.22 %	12	B	82.73 % / 14.48 %	17	B	81.44 % / 10.82 %	22	D	82.89 % / 16.33 %	27	C	77.72 % / 17.18 %
3	C	81.12 % / 17.99 %	8	A	88.57 % / 10.07 %	13	D	82.16 % / 17.36 %	18	A	83.69 % / 15.63 %	23	D	88.69 % / 10.83 %	28	C	87.31 % / 11.51 %
4	B	80.44 % / 17.25 %	9	B	81.25 % / 16.51 %	14	C	78.52 % / 12.22 %	19	C	89.5 % / 10.41 %	24	C	82.7 % / 12.5 %	29	B	85.41 % / 12.76 %
5	D	84.46 % / 11.23 %	10	B	84.83 % / 10.57 %	15	C	82.2 % / 11.74 %	20	C	80.25 % / 13.05 %	25	A	86.97 % / 11.36 %	30	A	85.12 % / 10.49 %

//संकेत और समाधान//

1. दिए गए विकल्पों में से 'सत्यवान' शब्द का उचित स्त्रीलिंग शब्द 'सत्यवती' है।

अन्य विकल्प त्रुटिपूर्ण है।

सत्यवान के पर्यायवाची शब्द है - सत्यव्रती, सत्यनिष्ठ, निश्छल, ईमानदार आदि।

'सत्य' शब्द में 'वान' प्रत्यय के मिलने से 'सत्यवान' शब्द बना है।

अत: विकल्प (C) सही है।

2. संस्कृत के 'वान' और 'मान' प्रत्ययान्त विशेषण शब्दों में 'वान' तथा 'मान ' को क्रमश: 'वती' और 'मती ' कर देने से स्त्रीलिंग बन जाते हैं।

जैसे - पुत्रवान - पुत्रवती, श्रीमान् - श्रीमती, बुद्धिमान् - बुद्धिमती, बलवान - बलवती, भगवान - भगवती इत्यादि।
अत: विकल्प (B) सही है।

3. दिए गए विकल्पों में 'आइना' शब्द पुल्लिंग है।

इस वाक्य में 'आइना आज साफ़ नज़र आ रही है' का प्रयोग करना उचित नहीं हैं। रही के स्थान पर रहा होगा। अतः स्पष्ट है कि 'आइना' एक पुल्लिंग शब्द है।

जैसे - आइना आज साफ़ नज़र आ रहा है।

अत: विकल्प (C) सही है।

4. दिए गए विकल्पों में से 'चतुराई' शब्द स्त्रीलिंग है। अन्य सभी विकल्प पुल्लिंग शब्द है।

- चतुराई - स्त्रीलिंग शब्द
- चतुराई का अर्थ - चतुर होने की अवस्था
- अन्य सभी शब्द पुल्लिंग शब्द है।

अत: विकल्प (B) सही है।

5. 'आयुष्मान' शब्द का स्त्रीलिंग रूप आयुष्मती है।

संज्ञा का ऐसा रूप जिसके माध्यम से किसी भी व्यक्ति वस्तु जीव की जाति का पता चले, उन शब्दों को लिंग कहा जाता है। इन शब्दों के माध्यम से पता चलता है कि व्यक्ति या वस्तु पुरुष जाति का है या स्त्री जाति का है।

अत: विकल्प (D) सही है।

6. माँ स्त्रीलिंग शब्द है।

लिंग संस्कृत का शब्द होता है जिसका अर्थ होता है निशान। जिस संज्ञा शब्द से व्यक्ति की जाति का पता चलता है उसे लिंग कहते हैं। इससे यह पता चलता है की वह पुरुष जाति का है या स्त्री जाति का है।

उदाहरण के लिए:

पुरुष जाति: बैल , बकरा , मोर , मोहन , लड़का , हाथी , शेर , घोडा , दरवाजा , पंखा , कुत्ता , भवन , पिता , भाई आदि।

स्त्री जाति: गाय , बकरी , मोरनी , मोहिनी , लडकी , हथनी , शेरनी , घोड़ी , खिड़की , कुतिया , माता , बहन आदि।

अत: विकल्प (D) सही है।

7. 'गठरी' शब्द स्त्रीलिंग है, स्त्रीलिंग- जो संज्ञापद स्त्री वर्ग के वाचक होते हैं, उन्हें स्त्रीलिंग कहते हैं। जैसे, लड़की, औरत, घोड़ी, शेरनी, बकरी, रानी आदि।

अत: विकल्प (A) सही है।

8. भाषा, बोली और लिपि का नाम स्त्रीलिंग में होता है, जैसे- हिन्दी, अंग्रेजी, रूसी, चीनी, अरबी, फ़ारसी, अवधी, बघेली, छत्तीसगढ़ी, भोजपुरी, कुमाऊँनी, गढ़वाली, देवनागरी, रोमन, कैथी, मुड़िया, खरोष्ठी, ब्राह्मी इत्यादि।

जबकि महीनो के नाम पुल्लिंग होते हैं जैसे- चैत्र, बैशाख, जनवरी आदि।
अतः विकल्प (A) सही है।

9. संज्ञा के जिस रूप से पुरुषत्व या स्त्रीत्व का बोध हो उसे लिंग कहते हैं। हिन्दी में लिंग दो प्रकार के होते हैं- पुल्लिंग और स्त्रीलिंग।
अतः विकल्प (B) सही है।

10. दिए गए विकल्पों में से 'आग' शब्द स्त्रीलिंग है।

आग का अर्थ - अग्नि

अन्य सभी शब्द पुल्लिंग शब्द है।

अत: विकल्प (B) सही है।

11. जीभ स्त्रीलिंग है ,बाकी सब दिए गए विकल्प पुल्लिंग है।

उदाहरण के साथ स्त्रीलिंग पुल्लिंग का अर्थ।

- अक्षत और नीतू भाई बहन है वो दोनों माता पिता के साथ चिड़िया घर गए वहाँ उन्होंने शेर शेरनी देखा एवम बाहर आकर बन्दर बंदरिया देखा।
- इसमें शेर भाई पिता बन्दर ये सब पुरुष जाति की पहचान करा रहे है। इसलिए ये पुल्लिंग है
- माँ बहन शेरनी बंदरिया स्त्री जाति के बारे में बता रहे है इसलिए ये स्त्रीलिंग है

अत: विकल्प (C) सही है।

12. उपर्युक्त विकल्पों में से विकल्प "समझ" सही है तथा अन्य विकल्प असंगत है।

समझ: स्त्रीलिंग

- बुद्धि, प्रजा।
- विचार, खयाल।

बुद्धि के पर्याय

- मेघा, प्रज्ञा, जेहन, मति, अक्ल

अत: विकल्प (B) सही है।

13. 'नर मछली-मादा मछली' का युग्म सही नहीं है। यहाँ पुल्लिंग 'नर मछली' तथा स्त्रीलिंग 'मछली' होना चाहिए।

संस्कृत के तत्सम अकारांत शब्दों में आ लगा देने से वे स्त्रीलिंग हो जाते हैं । स्पष्ट है कि बाला का पुल्लिंग शब्द बाल होगा।

इसके अतिरिक्त दिए गये सभी युग्म सही हैं।

पुल्लिंग	स्त्रीलिंग
भालू	मादा भालू
चिड़ा	चिड़िया
खरगोश	मदा खरगोश

अतः विकल्प (D) सही है।

14. गोप शब्द का स्त्रीलिंग शब्द 'गोपी' होगा।

अकारान्त और आकारांत शब्दों के अन्त में प्राय: ई प्रत्यय लगाने से स्त्रीलिंग बनता है।
अत: विकल्प (C) सही है।

15. "पांवस" स्त्रीलिंग शब्द है। स्त्रीलिंग- जिन संज्ञा शब्दों से स्त्री जाति का पता चलता है, उसे स्त्रीलिंग कहते हैं। जैसे - बकरी, माता, रानी, जूं, सुई, गर्दन, लज्जा, नदी, शाखा, मुर्गी, गाय, बहन, यमुना, बुआ, लक्ष्मी, गंगा, नारी, झोंपड़ी, लोमड़ी आदि।

पुल्लिंग- जिन संज्ञा के शब्दों से पुरुष जाति का पता चलता है कि ये पुरुष जाति का है, उसे पुल्लिंग कहते हैं। जैसे : शिव, ब्रम्हा, राम, कृष्ण, हनुमान, पिता, भाई, लड़का, आदमी, सेठ, राजा, कुत्ता, बन्दर, हंस, बकरा, मकान, लोहा, चश्मा, खटमल, फूल, नाटक, पर्वत, पेड़, मुर्गा, बैल, शेर आदि।
अतः विकल्प (C) सही है।

शब्द	लिंग
गुलाब	पुल्लिंग
फूल	पुल्लिंग
मण्डल	पुल्लिंग

अतः विकल्प (D) सही है।

16. 'अदालत' शब्द का लिंग स्त्रीलिंग है।

अदालत का अर्थ - न्यायालय

नोट - नपुंसकलिंग और उभयलिंग हिंदी में लिंग के प्रकार नहीं है।

अतः विकल्प (B) सही है।

17. आग - स्त्रीलिंग शब्द है।

आग का अर्थ - अग्नि होता है

अन्य सभी शब्द पुल्लिंग शब्द है।

अतः विकल्प (B) सही है।

18. 'घर, हिमालय, पेड़' पुल्लिंग शब्द हैं।

घर का अर्थ - वास करने का स्थान

हिमालय - पर्वत का नाम

पेड़ - पादप

अन्य शब्द -

शब्द	लिंग
खाट	स्त्रीलिंग
गंगा	स्त्रीलिंग

अतः विकल्प (A) सही है।

19. 'कपाट' पुल्लिंग शब्द है।

'कपाट' का अर्थ - किवाड़

अन्य विकल्प -

शब्द	लिंग
गरिमा	स्त्रीलिंग
यमुना	स्त्रीलिंग
परिवर्तन	पुल्लिंग

अतः विकल्प (C) सही है।

20. उपरोक्त सभी विकल्पों में 'अवस्था' शब्द स्त्रीलिंग है जिसका अर्थ 'हालत या दशा या उम्र या स्थिति' होगा।

मनुष्य संसार में चार अवस्थाओं के द्वारा अपना जीवन व्यतीत करता है। ये हैं जागृत, स्वप्न, सुसुप्ति व तुरीय।

अतः विकल्प (C) सही है।

21. जिस चिह्न से यह बोध होता हो कि अमुक शब्द पुरुष जाति का है अथवा स्त्री जाति का वह लिंग कहलाता है। कुछ संज्ञा शब्दों के अन्त मे 'ई' के स्थान पर 'इनी' प्रत्यय लगा कर उसका अन्य लिंग बनाया जाता है। जैसे: तपस्वी, तपस्विनी।
अतः विकल्प (D) सही है।

22. बकरी शब्द का पुल्लिंग रूप बकरा होता है। जिन शब्दों से पुरुष जाति का बोध होता है उन्हें पुल्लिंग शब्द कहते हैं। जैसे: लड़का, चाचा आदि।
अतः विकल्प (D) सही है।

23. 'बनावट' शब्द भाववाचक स्त्रीलिंग है।

अन्य विकल्प:

24. दिए गए विकल्पों में 'घास' स्त्रीलिंग शब्द है, अन्य सभी विकल्प पुल्लिंग शब्द हैं।

पशुओं को खिलाने वाली हरी वनस्पतियाँ, तृण या तिनका घास होता है।

घास के पर्यायवाची शब्द है - तृण, दूर्वा, दूब, कुश, शाद आदि।

अतः विकल्प (C) सही है।

25. दिए गए विकल्पों में से 'पुजारी' पुल्लिंग शब्द है।

'पुजारी' का स्त्रीलिंग शब्द होगा - 'पुजारिन'।

'पुजारी' का अर्थ - पूजा करनेवाला व्यक्ति।

अतः विकल्प (A) सही है।

26. दिए गए विकल्पों मे 'इंद्राणी' स्त्रीलिंग शब्द है।

इंद्र का अर्थ- 'देवराज' है। इसका पर्यायवाची- सुरेन्द्र, सुरपति, अमरेश, देवेन्द्र।

अतः विकल्प (B) सही है।

27. दिए गए विकल्पों में 'वीरवार' पुल्लिंग शब्द है।

वीरवार भाववाचक 'पुल्लिंग' शब्द है।

वीरवार का अर्थ होता है - बृहस्पतिवार, गुरुवार।

अतः विकल्प (C) सही है।

28. दिए गए विकल्पों में 'प्रकृति' स्त्रीलिंग शब्द है जिनके अन्य अर्थ हैं 'कुदरत, सहज स्वाभाविक गुण या स्वभाव'। अतिरिक्त सभी विकल्प 'पंखा, नमक तथा चाँद' पुल्लिंग शब्द हैं।

अतः विकल्प (C) सही है।

29. 'बुढ़ापा' शब्द पुल्लिंग है।

स्पष्टीकरण- उसका अब बुढ़ापा आ गया है- इस वाक्य से स्पष्ट होता है कि 'बुढ़ापा' पुल्लिंग शब्द है,

'बुढ़ापा' आ गयी है- ऐसा कहना अनुचित होगा क्योंकि 'बुढ़ापा' शब्द का प्रयोग स्त्रीलिंग में करना वाक्य को गलत कर रहा है।

अतः विकल्प (B) सही है।

30. लोटा पुल्लिंग शब्द है।

जैसे- लोटा गिर गया - यहाँ लोटा गिर गयी का प्रयोग अनुचित है।

इसलिए स्पष्ट है कि 'लोटा' एक पुल्लिंग शब्द है।

अतः विकल्प (A) सही है।

Q.1 वर्तनी की दृष्टि से दिए गए विकल्पों में से अशुद्ध विकल्प छाँटिए।
[UP Police Sub Inspector, 2017]

A. उपर्युक्त　　B. ब्यंग　　C. पूजनीय　　D. महीना

Q.2 निम्नलिखित में से अशुद्ध शब्द का चयन कीजिए।

A. श्याम　　B. चाँदी　　C. झोपडी　　D. पूर्णत:

Q.3 शुद्ध शब्द कौन-सा है?

A. चिन्ह　　B. कृप्पा　　C. दवाईयाँ　　D. निर्भर

Q.4 अशुद्ध शब्द है:

A. अनसूया　　B. ऐनक　　C. सन्कट　　D. संशय

Q.5 निम्नलिखित में से कौन-सा शब्द वर्तनी की दृष्टि से शुद्ध है?
[UPSSSC Rajasva Lekhpal, 2015]

A. प्रतिनिधी　　B. प्रतिनिधि　　C. प्रतिनीधी　　D. प्रतिनीधि

Q.6 नीचे दिए गए विकल्पो में से शुद्ध वर्तनी का चयन कीजिए:

A. बतक　　B. संतुष्ट　　C. बलिष्ट　　D. सीढ़ी

Q.7 'सौंदरयता' का शुद्ध रूप कौन सा है?

A. सौंदर्ता　　B. सौन्द्रयता　　C. सौन्द्रता　　D. सौन्दर्यता

Q.8 निम्न में वर्तनी की दृष्टि से शुद्ध शब्द है:

A. पुज्य　　B. परिक्षण　　C. प्रान　　D. परीक्षा

Q.9 निम्न में से शुद्ध वर्तनी वाला शब्द है:

A. तुष्टिकरण　　B. तुष्टीकरण　　C. तुष्टिकर्ण　　D. तुष्टीकर्ण

Q.10 सही वर्तनी वाले शब्द का चयन कीजिए:
[Haryana Police Constable Commando Wing, 2021]

A. रासायनिक　　B. रसायनिक
C. रसायनीक　　D. इनमें से कोई नहीं

Q.11 दिए गए शब्दों की सही वर्तनी के साथ विकल्प को चिन्हित करें।
[Sainik School Entrance Class VI, 2020]

A. अतीथी　　B. अतिथि　　C. आतिथी　　D. अधिति

Q.12 शब्दों के शुद्ध रूप का चयन कीजिए।
[Sainik School Entrance Class VI, 2020]

A. धन्यवाद　　B. धन्यआवाद
C. धन्यावाद　　D. ध्रयवाद

Q.13 निम्नलिखित में से शुद्ध वर्तनी है-

A. हंसी　　B. पहुंच　　C. मुहर्रम　　D. उर्तीण

Q.14 निम्नलिखित में से शुद्ध वर्तनी का चयन कीजिए:

A. रिमजिम　　B. मिष्ठान्न　　C. संश्लिष्ट　　D. शुश्रूषा

Q.15 निम्नलिखित में से अशुद्ध वर्तनी का चयन कीजिए:

A. प्रामाणिक　　B. प्रदर्शन　　C. परमात्मा　　D. प्रवीण

Q.16 वर्तनी की दृष्टि से शुद्ध शब्द ____ है।
[Rajasthan Police Sub Inspector, 2016]

A. शुश्रूषा　　B. सुश्रुषा　　C. सुश्रुषा　　D. शुश्रुषा

Q.17 नीचे दिए गए विकल्पों में से शुद्ध वर्तनी का चयन कीजिए –

A. प्रतियोगिता　　B. प्रातियोगिता
C. प्रतियोगिता　　D. प्रतीयोगिता

Q.18 शुद्ध शब्द चुनिए-

A. गंगा-जल　　B. वे-बुनियाद　　C. बड़ा-सा　　D. चौ-पाया

Q.19 शुद्ध वर्तनी वाले शब्द का चयन करें।

A. सर्वभक्शी　　B. सरवभक्षी
C. सरवभक्शी　　D. सर्वभक्षी

Q.20 वर्तनी की दृष्टि से कौनसा शब्द अशुद्ध है?
[Rajasthan Police Sub Inspector, 2016]

A. शूर्पणखा　　B. सर्पिणी　　C. श्वेतांगी　　D. चतुरिणी

Q.21 इनमें वर्तनी की दृष्टि से कौन सा शब्द सही नहीं है?
[Rajasthan Police Sub Inspector, 2016]

A. घनीष्ठ　　B. परिशिष्ट　　C. अनिष्ट　　D. स्वादिष्ट

Q.22 नीचे चार शब्द दिए गए हैं जिनमें से तीन की वर्तनी गलत है और एक की सही है, दिए गए चार विकल्पों में से सही वर्तनी वाला शब्द चुनिए।

A. सामान्य　　B. सम्मान्य　　C. समान्य　　D. साम्मान्य

Q.23 निम्न में से किस शब्द की वर्तनी सही है?
[UPTET Paper - I, 2022]

A. अनुग्रहित　　B. अनुगृहीत　　C. अनग्रहित　　D. अनूग्रहित

Q.24 शुद्ध वर्तनी का चयन करे।

A. लीपी　　B. लीपि　　C. लिपि　　D. लिपी

Q.25 दिए गए शब्दों में शुद्ध वर्तनी वाले शब्द का चयन कीजिए।

A. मूर्छा　　B. मूच्छर्ा　　C. मुरछा　　D. मुच्छर्ा

Q.26 निम्न में से कौनसा शब्द शुद्ध है:

A. नुपूर　　B. नूपुर　　C. नुपुर　　D. नूपूर

Q.27 निम्नलिखित में से शुद्ध वर्तनी किस शब्द की है ?

A. सन्यास　　B. उज्ज्वल　　C. कवित्री　　D. स्वास्थ्य

Q.28 निम्नलिखित विकल्पों में वर्तनी की दृष्टि से कौन सा शब्द अशुद्ध है ?

A. आर्शीवाद　　B. अंतर्गत　　C. विसर्ग　　D. परसर्ग

Q.29 शुद्ध शब्द छाँटिए-

A. कृतघन　　B. कृत्घन　　C. कृतघ्न　　D. कृतध्न

Q.30 निम्न शब्दों में से अशुद्ध शब्द पहचानिए।

A. रचियता　　B. पूजनीय　　C. आँख　　D. नरक

// स्मार्ट उत्तर पुस्तिका //

सही उत्तर — उन छात्रों का प्रतिशत जिन्होंने प्रश्नों का सही उत्तर दिया था।   **छोड़ दिया** — उन छात्रों का प्रतिशत जिन्होंने प्रश्नों को छोड़ दिया था।

प्रश्न संख्या	उत्तर	सही उत्तर / छोड़ दिया	प्रश्न संख्या	उत्तर	सही उत्तर / छोड़ दिया	प्रश्न संख्या	उत्तर	सही उत्तर / छोड़ दिया	प्रश्न संख्या	उत्तर	सही उत्तर / छोड़ दिया	प्रश्न संख्या	उत्तर	सही उत्तर / छोड़ दिया	प्रश्न संख्या	उत्तर	सही उत्तर / छोड़ दिया
1	B	80.47 % / 14.55 %	6	D	81.19 % / 15.25 %	11	B	82.11 % / 13.48 %	16	A	81.67 % / 18.24 %	21	A	77.9 % / 10.87 %	26	B	76.53 % / 20.88 %
2	C	86.32 % / 10.34 %	7	D	84.15 % / 10.1 %	12	A	82.43 % / 10.25 %	17	C	84.86 % / 12.82 %	22	A	76.68 % / 21.98 %	27	D	80.43 % / 18.52 %
3	D	89.95 % / 10.01 %	8	D	78.28 % / 14.75 %	13	C	79.03 % / 12.93 %	18	C	80.48 % / 17.96 %	23	B	77.95 % / 19.78 %	28	A	87.52 % / 10.17 %
4	C	80.23 % / 15.25 %	9	A	87.52 % / 10.14 %	14	D	89.89 % / 10.08 %	19	D	83.62 % / 11.07 %	24	C	77.06 % / 17.99 %	29	C	81.07 % / 17.2 %
5	B	80.13 % / 17.55 %	10	A	89.82 % / 10.07 %	15	B	84.93 % / 13.21 %	20	D	89.0 % / 10.23 %	25	B	78.13 % / 16.19 %	30	A	80.73 % / 10.86 %

//संकेत और समाधान//

1. दिए गए विकल्पों में 'ब्यंग' की वर्तनी अशुद्ध है। इसका शुद्ध रूप 'व्यंग्य' होगा। अतिरिक्त विकल्प वर्तनीगत शुद्ध हैं।

अतः विकल्प (B) सही है।

2. झोपडी यहाँ सही विकल्प है, अन्य सभी विकल्प असंगत है। झोपडी की वर्तनी अशुद्ध है।

शुद्ध शब्द: झोपड़ी

अतः विकल्प (C) सही है।

3. उपर्युक्त विकल्पों में से 'निर्भर' शब्द शुद्ध है। शेष शब्द अशुद्ध हैं, जिनका शुद्ध रूप इस प्रकार है-

चिन्ह - चिह्न, कृप्या - कृपया, दवाईयाँ - दवाइयाँ

अतः विकल्प (D) सही है।

4. उपर्युक्त विकल्पों में से वर्तनी की दृष्टि से अशुद्ध शब्द 'सन्कट' है, इसका शुद्ध रूप 'संकट' होगा। अन्य विकल्प अनसूया, ऐनक, संशय वर्तनी की दृष्टि से शुद्ध हैं।

अतः विकल्प (C) सही है।

5. प्रतिनिधि शब्द वर्तनी की दृष्टि से शुद्ध है।

प्रतिनिधि का अर्थ किसी के स्थान पर कार्य करने वाला व्यक्ति होता है।

अतः विकल्प (B) सही है।

6. सीढ़ी में शुद्ध वर्तनी का प्रयोग किया गया है, अन्य विकल्पो में अशुद्ध वर्तनी है।

अन्य विकल्प:

अशुद्ध वर्तनी	शुद्ध वर्तनी
बतक	बतख
संतुष्ट	संतुष्ट
बलिष्ट	बलिष्ठ

अतः विकल्प (D) सही है।

7. 'सौंदरयता' का शुद्ध रूप सौन्दर्यता है।

सौन्दर्यता का पर्यायवाची- सुंदरता, रमणी- यता, खूबसूरती आदि होता है। अर्थ- सुंदर होने की अवस्था या भाव है।

अतः विकल्प (D) सही है।

8. दिये गये शब्दों में शुद्ध वर्तनी वाला शब्द 'परीक्षा' है। शेष शब्द पुज्य, परिक्षण तथा प्रान वर्तनी की दृष्टि से अशुद्ध हैं, जिनका शुद्ध रूप क्रमशः पूज्य, परीक्षण तथा प्राण है।

अतः विकल्प (D) सही है।

9. तुष्टिकरण शब्द शुद्ध वर्तनी रूप है; इसका आशय है, किसी सम्प्रदाय या मत को विशेष रियायतें एवं सुविधा देकर अपने पक्ष में करना।

अतः विकल्प (A) सही है।

10. रासायनिक सही वर्तनी वाला शब्द है।

संधि विच्छेद: रासायनिक = रस + आयनिक

वर्तनी: वर्तनी का सीधा संबंध उच्चारण से होता है। हिन्दी में जो बोला जाता है वही लिखा जाता है। यदि उच्चारण अशुद्ध होगा तो वर्तनी भी अशुद्ध होगी। प्रायः अपनी मातृभाषा या बोली के कारण तथा व्याकरण संबंधी ज्ञान की कमी

के कारण उच्चारण में अशुद्धियाँ आ जाती हैं जिसके कारण वर्तनी में भी अशुद्धियाँ आ जाती हैं।

अतः विकल्प (A) सही है।

11. सही वर्तनी वाला शब्द अतिथि है। अन्य विकल्प असंगत है।

भाषा के शब्दों के शुद्ध लेखन को वर्तनी कहते हैं।

अतः विकल्प (B) सही है।

12. सही वर्तनी वाला शब्द धन्यवाद है। अन्य विकल्प असंगत है।

भाषा के शब्दों के शुद्ध लेखन को वर्तनी कहते हैं।

अतः विकल्प (A) सही है।

13. दिए गए विकल्पों में मुहर्रम शब्द की वर्तनी शुद्ध है। इसलिए, सही विकल्प (C) 'मुहर्रम' है। अन्य सभी शब्दों की वर्तनी त्रुटि पूर्ण हैं।

'मुहर्रम' का अर्थ 'इस्लामी वर्ष का पहला महीना' है।

अन्य विकल्प –

अशुद्ध वर्तनी	शुद्ध वर्तनी
हंसी	हँसी
पहुंच	प्हुँच
उर्तीण	उत्तीर्ण

अतः विकल्प (C) सही है।

14. 'शुश्रूषा' का अर्थ 'कर्तव्यपरायणता' है। 'शुश्रूषा' में से शुद्ध वर्तनी है।

अन्य विकल्प:

अशुद्ध वर्तनी	शुद्ध वर्तनी
रिमजिम	रिमझिम
मिष्टान्न	मिष्टान्न
संशिलष्ट	संश्लिष्ट

अतः विकल्प (D) सही है।

15. उपरोक्त विकल्पों में 'प्रर्दशन' शब्द वर्तनीगत अशुद्ध है।

इसका शुद्ध रूप है: 'प्रदर्शन'

जिसका अर्थ होता है: दिखाना

अतः विकल्प (B) सही है।

16. शुश्रूषा वर्तनी की दृष्टि से शुद्ध शब्द है। अन्य विकल्प असंगत है।

शुश्रूषा का अर्थ- किसी से कुछ सुनने की इच्छा

शुश्रूषा - संज्ञा स्त्रीलिंग

अतः विकल्प (A) सही है।

17. प्रतियोगिता शब्द वर्तनीगत शुद्ध शब्द है। अन्य विकल्प वर्तनीगत अशुद्ध हैं। इसलिए इसका सही उत्तर विकल्प (C) 'प्रतियोगिता' है।

प्रतियोगिता शब्द का अर्थ प्रतिद्वंदिता या होड़ होता है।

वर्तनी भाषा में शब्दों को वर्णों से अभिव्यक्त करने की क्रिया को कहते हैं। वर्तनी का सीधा सम्बन्ध भाषागत ध्वनियों के उच्चारण से है।

अतः विकल्प (C) सही है।

18. उपर्युक्त विकल्प में से "बड़ा-सा" शुद्ध शब्द है।

हिन्दी वर्तनी का महत्वपूर्ण नियम- 'सा', 'जैसा' आदि सारूप्य वाचकों के पूर्व योजक चिन्ह (-) का प्रयोग किया जाना चाहिए; जैसे- तुम-सा, राम-जैसा।

शेष विकल्पों का शुद्ध रूप इस प्रकार है:

- गंगा-जल = गंगाजल
- वे-बुनियाद = बेबुनियाद
- चौ-पाया = चौपाया

अतः विकल्प (C) सही है।

19. 'सर्वभक्षी' शब्द की वर्तनी शुद्ध है।

'सर्वभक्षी' शब्द का अर्थ सब कुछ भक्षण करने या खाने वाला होता है।

अतः विकल्प (D) सही है।

20. वर्तनी की दृष्टि से चतुरिणी शब्द अशुद्ध है।

शूर्पणखा = शूर्प नखा;

तद्भव : सुपनखा या सूपनखा

अतः विकल्प (D) सही है।

21. 'घनीष्ठ' वर्तनी की दृष्टि से गलत शब्द है।

वर्तनी की दृष्टि से सही शब्द 'घनिष्ठ' है।

'घनिष्ठ' का मूल अर्थ है- जिसके साथ अत्यधिक मित्रता का संबंध हो।

अतः विकल्प (A) सही है।

22. 'सामान्य' शुद्ध है, बाकी तीनों अशुद्ध हैं।

सामान्य का अर्थ है: मामूली, साधारण

वाक्य प्रयोग: वे अभी तक यही जानते थे कि विरजन ने कोई सामान्य भजन बनाया होगा।

अतः विकल्प (A) सही है।

23. 'अनुगृहीत' शब्द की वर्तनी शुद्ध है। शेष विकल्प त्रुटिपूर्ण हैं।

'अनुगृहीत' का अर्थ 'उपकृत, कृतज्ञ एहसानमंद' होता है।

अतः विकल्प (B) सही है।

24. यहाँ शुद्ध वर्तनी 'लिपि' है।

अन्य सभी शब्दों की वर्तनी गलत है।

अतः विकल्प (C) सही है।

25. 'मूर्च्छा' शब्द का अर्थ बेहोशी है और यह शब्द त्रुटिरहित है। अन्य विकल्प त्रुटिपूर्ण हैं।

अतः विकल्प (B) सही है।

26. 'नूपुर' का अर्थ 'घुंघरू' है।

नूपुर के पर्यायवाची- घुँघरू, पाज़ेब, रमझोला, शिंजिनी, पैजनी, नेवर, पाज़ेब, पायल, पायल, अंदु।

अन्य विकल्प त्रुटिपूर्ण हैं।

अतः विकल्प (B) सही है।

27. स्वास्थ्य शुद्ध शब्द है।

सन्यास का शुद्ध : संन्यास

उज्जवल का शुद्ध : उज्ज्वल

कवित्री का शुद्ध : कवयित्री

अतः विकल्प (D) सही है।

28. उक्त विकल्पों में वर्तनी की दृष्टि से आर्शीवाद शब्द अशुद्ध है।

शुद्ध शब्द: आशीर्वाद

अतः विकल्प (A) सही है।

29. दिए गए विकल्पों में कृतघ्न शब्द की वर्तनी शुद्ध है।

'कृतघ्न' का अर्थ 'किए हुए उपकार को न माननेवाला' है।

अतः विकल्प (C) सही है।

30. रचियता अशुद्ध शब्द है।

रचयिता- शुद्ध शब्द

रचयिता का अर्थ- रचना करने वाला।

अतः विकल्प (A) सही है।

Q.1 निम्न में कौन सा शब्द देशज है?

A. आग   B. बच्चा   C. खिड़की   D. फूल

Q.2 निम्न में विदेशी शब्द कौन सा है?

A. उष्ट्र   B. अमीर   C. प्रिय   D. भक्त

Q.3 निम्न में कौन सा शब्द देशज है?

A. गोबर   B. घोड़ा   C. हल्दी   D. कटोरा

Q.4 निम्नलिखित में से कौन-सा शब्द विदेशज नहीं है?

A. फ़कीर   B. ईमारत   C. नतीजा   D. जगमग

Q.5 कौन सा शब्द तुर्की भाषा का नहीं है?

A. पैगम्बर   B. बेगम   C. चेचक   D. बारूद

Q.6 निम्नलिखित में से देशज शब्द का चयन कीजिए।

A. मुग़ल   B. बेगम   C. सुराग   D. डिबिया

Q.7 देशज शब्द कौन सा है?

A. बहादुर   B. तलाश   C. तोप   D. टोपी

Q.8 निम्न में कौन सा शब्द विदेशज है?

[UPSSSC Village Development Officer, 2018]

A. रिक्शा   B. जूता   C. तेंदुआ   D. नव

Q.9 निम्नलिखित में से देशज शब्द का चयन कीजिए।

A. कदम   B. इज्जत   C. अण्टा   D. अल्ला

Q.10 निम्नलिखित में से कौन-सा शब्द विदेशज है?

A. खिड़की   B. बाल्टी   C. पगड़ी   D. कटोरा

Q.11 निम्नलिखित में से कौन-सा शब्द विदेशज है?

A. किरन   B. सूप   C. उपास   D. फुनगी

Q.12 किस वाक्य में कोई विदेशी शब्द नहीं है?

[Rajasthan Police Sub Inspector, 2016]

A. घंटा बजा तब तक मैं स्कूल पहुँच चुका था

B. कक्षाध्यापक संस्कृत पढ़ा रहे थे

C. मेरी बस-यात्रा बहुत सुविधाजनक रही

D. उसे रेल्वे स्टेशन पहुँचने में आधा घंटा लगा

Q.13 विदेशी भाषा से आये हुए शब्दों को क्या कहते हैं?

A. देशज   B. तत्सम   C. विदेशज   D. तद्भव

Q.14 किस वाक्य में विदेशी शब्द नहीं है?

A. कटोरे में कपास रख दो।

B. मोनू को चेचक हो गया है।

C. पेन से अपना नाम लिख दो।

D. दारोगा जी ने बुलाया है।

Q.15 निम्नलिखित में से 'कबड्डी' किस वर्ग का शब्द है?

A. तत्सम   B. विदेशी   C. देशज   D. तद्भव

Q.16 'पैमाना' किस प्रकार का शब्द है?

A. देशज शब्द   B. विदेशज शब्द

C. तत्सम शब्द   D. तद्भव शब्द

Q.17 निम्न में से कौन सा शब्द विदेशी मूल का नहीं है?

A. चाबुक   B. तोप   C. कैंची   D. लोटा

Q.18 निम्नलिखित में से कौन-सा शब्द विदेशज है?

A. चेचक   B. इडली   C. ताम्बूल   D. बाजरा

Q.19 'लालटेन' शब्द निम्न वर्गों में से किस वर्ग में आता है?

A. तत्सम   B. तद्भव   C. देशज   D. विदेशज

Q.20 विदेशज शब्द है:

A. चश्मा   B. जूता   C. जीभ   D. वायु

Q.21 निम्नलिखित में से देशज शब्द का चयन कीजिए:

A. इनाम   B. फुनगी   C. पेट्रोल   D. पार्सल

Q.22 निम्नलिखित में से कौन-सा शब्द देशज है?

A. मुसाफिर   B. गुंडा   C. टाँग   D. पिकनिक

Q.23 निम्नलिखित में से कौन-सा शब्द विदेशज है?

A. खिचड़ी   B. खिड़की   C. कपास   D. तजुर्बा

Q.24 निम्नलिखित में से आसार शब्द है-

A. तत्सम   B. विदेशज   C. तद्भव   D. देशज

Q.25 निम्नलिखित में से कौन-सा शब्द देशज है?

A. सरसों   B. भिन्डी

C. फुनगी   D. उपरोक्त सभी

Q.26 निम्न विकल्पों में से कौन-सा शब्द विदेशी शब्द है?

A. बहस   B. लोटा   C. जगमग   D. घोटाला

Q.27 निम्नलिखित में से कौन-सा शब्द देशज है?

A. जूता   B. थुलमा   C. चिड़िया   D. स्पूतनिक

Q.28 निम्नलिखित में से कौन-सा शब्द विदेशज है?

A. मटरगश्ती   B. इडली   C. ताम्बूल   D. बाजरा

Q.29 निम्न में से कौन सा शब्द विदेशी मूल का नहीं है?

[Rajasthan Police Sub Inspector, 2016]

A. कायल   B. चाय   C. तम्बाकू   D. विज्ञापन

Q.30 इनमें देशज शब्द है:

[Rajasthan Police Sub Inspector, 2016]

A. झोपड़ी   B. अफ़ीम   C. पानी   D. तमाशा

// स्मार्ट उत्तर पुस्तिका //

सही उत्तर उन छात्रों का प्रतिशत जिन्होंने प्रश्नों का सही उत्तर दिया था।   **छोड़ दिया** उन छात्रों का प्रतिशत जिन्होंने प्रश्नों को छोड़ दिया था।

प्रश्न संख्या	उत्तर	सही उत्तर / छोड़ दिया	प्रश्न संख्या	उत्तर	सही उत्तर / छोड़ दिया	प्रश्न संख्या	उत्तर	सही उत्तर / छोड़ दिया	प्रश्न संख्या	उत्तर	सही उत्तर / छोड़ दिया	प्रश्न संख्या	उत्तर	सही उत्तर / छोड़ दिया	प्रश्न संख्या	उत्तर	सही उत्तर / छोड़ दिया
1	C	79.93 % / 16.65 %	6	D	80.42 % / 13.97 %	11	B	81.03 % / 15.25 %	16	B	87.15 % / 12.0 %	21	B	84.11 % / 10.09 %	26	A	85.47 % / 13.41 %
2	B	82.19 % / 13.08 %	7	D	81.13 % / 16.2 %	12	B	89.84 % / 10.14 %	17	D	80.19 % / 18.95 %	22	C	82.24 % / 11.75 %	27	A	82.13 % / 17.7 %
3	D	77.32 % / 19.23 %	8	A	79.32 % / 11.49 %	13	C	80.9 % / 15.55 %	18	A	89.88 % / 10.01 %	23	D	88.31 % / 11.35 %	28	A	76.53 % / 18.21 %
4	D	79.47 % / 19.19 %	9	C	82.58 % / 15.14 %	14	A	76.67 % / 21.97 %	19	D	76.47 % / 14.63 %	24	B	79.92 % / 16.55 %	29	D	89.06 % / 10.66 %
5	A	86.69 % / 10.28 %	10	B	89.5 % / 10.29 %	15	C	81.87 % / 12.4 %	20	A	84.0 % / 13.45 %	25	D	81.42 % / 18.49 %	30	A	78.86 % / 14.35 %

//संकेत और समाधान//

1. "खिड़की" शब्द देशज है।

वे शब्द जिनकी उत्पत्ति का पता नहीं चलता 'देशज' शब्द कहा जाता है। जैसे - खिड़की, खिचड़ी, लोटा, ठेठ, पगड़ी इत्यादि।

अतः विकल्प (C) सही है।

2. "अमीर" विदेशी शब्द है।

अन्य देश की भाषा से आये हुए शब्द विदेशज शब्द कहलाते हैं जैसे - अमीर, आर्डर, लालटेन, हास्पिटल, अलमारी, आदमी इत्यादि।

अतः विकल्प (B) सही है।

3. निम्नलिखित शब्दों में 'कटोरा' 'देशज' शब्द है, जबकि गोबर, घोड़ा और हल्दी तद्भव शब्द है।

वे शब्द जिनकी उत्पत्ति के मूल का पता न हो परन्तु वे प्रचलन में हों। ऐसे शब्द देशज शब्द कहलाते हैं।

अतः विकल्प (D) सही है।

4. जगमग शब्द सही विकल्प है, अन्य सभी विकल्प विदेशी शब्दों के उदाहरण है।

जगमग का अर्थ है - चमकदार।

अतः विकल्प (D) सही है।

5. 'पैगम्बर' शब्द तुर्की भाषा का नहीं है बल्कि यह अरबी भाषा का शब्द है। पैगम्बर का अर्थ होता है पैगाम देने वाला। जबकि बेगम, चेचक तथा बारूद शब्द तुर्की भाषा के शब्द हैं।

अतः विकल्प (A) सही है।

6. उपर्युक्त विकल्पों में 'डिबिया' देशज शब्द है। अतिरिक्त विकल्प विदेशज शब्द के उदाहरण हैं।

देशज शब्द: वे शब्द जिनकी उत्पत्ति के मूल का पता न हो परन्तु वे प्रचलन में हों। ऐसे शब्द देशज शब्द कहलाते हैं। ये शब्द आम तौर पर क्षेत्रीय भाषा में प्रयोग किये जाते हैं।

विदेशज शब्द: विदेशी भाषाओं से हिंदी में आये शब्दों को विदेशज शब्द कहा जाता है। इन विदेशी भाषाओं में मुख्यतः अरबी, फारसी, तुर्की, अंग्रेजी व पुर्तगाली शामिल है।

अन्य विकल्प:

शब्द	शब्द प्रकार
मुग़ल	तुर्की
बेगम	तुर्की
सुराग	तुर्की

अतः विकल्प (D) सही है।

7. 'टोपी' देशज शब्द है। अन्य विकल्प देशज शब्द नहीं है।

देशज शब्द: वे शब्द जिनकी उत्पत्ति के मूल का पता न हो परन्तु वे प्रचलन में हों। ऐसे शब्द देशज शब्द कहलाते हैं। ये शब्द आम तौर पर क्षेत्रीय भाषा में प्रयोग किये जाते हैं।

अन्य विकल्प:

शब्द	शब्द प्रकार
बहादुर	तुर्की
तलाश	तुर्की
तोप	तुर्की

अतः विकल्प (D) सही है।

8. दिये गये विकल्पों में 'रिक्शा' विदेशज (जापानी) शब्द है, जबकि 'जूता', तेंदुआ अंग्रेजी देशज शब्द हैं। 'नव' तत्सम शब्द है। इसका तद्भव नया होता है।

अतः विकल्प (A) सही है।

9. उपर्युक्त विकल्पों में 'अण्टा' देशज शब्द है। अतिरिक्त विकल्प विदेशज शब्द के उदाहरण हैं। इसलिए, सही विकल्प 'अण्टा' है।

अतः विकल्प (C) सही है।

10. उपर्युक्त विकल्पों में से 'बाल्टी' एक विदेशज शब्द हैं। बाल्टी (पुर्तगाली शब्द) हैं जिसका अर्थ होता है "पानी भरने का बर्तन", अन्य विकल्पों के शब्द देशज हैं। इसलिए, सही विकल्प 'बाल्टी' है।

अतः विकल्प (B) सही है।

11. "सूप" विदेशज है। "सूप" फ्रेंच शब्द है। जिसका अर्थ होता है एक प्रकार का पेय पदार्थ। अन्य विकल्प तद्भव शब्द हैं।

विदेशी भाषाओं से हिंदी में आये शब्दों को विदेशज शब्द कहा जाता है। इन विदेशी भाषाओं में मुख्यतः अरबी, फारसी, तुर्की, अंग्रेजी व पुर्तगाली शामिल है।

अतः विकल्प (B) सही है।

12. "कक्षाध्यापक संस्कृत पढ़ा रहे थे" वाक्य में कोई विदेशी शब्द नहीं है।

विदेशज शब्द: विदेशी भाषाओं से हिंदी में आये शब्दों को विदेशज शब्द कहा जाता है। इन विदेशी भाषाओं में मुख्यतः अरबी, फारसी, तुर्की, अंग्रेजी व पुर्तगाली शामिल है।

उदाहरण: अदा, अजब, अजीब, अमीर

अतः विकल्प (B) सही है।

13. 'विदेशज' शब्द की उत्पत्ति 'विदेश + ज' के योग से हुई है, जिसका अर्थ 'विदेश में जन्मा' है। विदेशज उन शब्दों को कहते हैं, जो किसी विदेशी भाषा से आये हैं। विदेशी भाषा से आने के कारण ही उन्हें आगत शब्द की संज्ञा भी दी जाती है।

अतः विकल्प (C) सही है।

14. 'कटोरे में कपास रख दो।'- वाक्य में विदेशी शब्द नहीं है।

अन्य सभी वाक्यों में विदेशी शब्द हैं।

- देशज शब्द- वे शब्द जिनकी उत्पत्ति के मूल का पता न हो परन्तु वे प्रचलन में हों। ऐसे शब्द देशज शब्द कहलाते हैं। ये शब्द आम तौर पर क्षेत्रीय भाषा में प्रयोग किये जाते हैं।

- विदेशज शब्द- विदेशी भाषाओं से हिंदी में आये शब्दों को विदेशज शब्द कहा जाता है। इन विदेशी भाषाओं में मुख्यतः अरबी, फारसी, तुर्की, अंग्रेजी व पुर्तगाली शामिल है।

अतः विकल्प (A) सही है।

15. देशज, यहाँ उचित विकल्प है, अन्य विकल्प असंगत है। देशज वे शब्द जो तत्सम न होकर क्षेत्रीय विशेष और भारतीय होते हैं। जैसे - लोटा, डिबिया आदि।

विशेष-

शब्द	परिभाषा	उदाहरण
तत्सम	संस्कृत भाषा के वे शब्द जो हिन्दी में अपने वास्तविक रूप में प्रयुक्त होते है, उन्हें तत्सम शब्द कहते है।	जैसे- कवि, माता, विद्या, नदी
तद्भव	ऐसे शब्द, जो संस्कृत और प्राकृत से विकृत होकर हिंदी में आये है, 'तद्भव' कहलाते हैं।	दुग्ध - दूध हस्त - हाथ कुब्ज - कुबड़ा

विदेशी	जो शब्द विदेशियों के संपर्क में आने पर विदेशी भाषा से हिंदी में आए, वे शब्द विदेशी शब्द कहलाते हैं।	ट्रक, टेलीफोन, टिकट, टेबुल इत्यादि।

अतः विकल्प (C) सही है।

16. 'पैमाना' विदेशी शब्द है।

- 'पैमाना' फारसी भाषा का शब्द है।
- 'पैमाना' का अर्थ- 'मानदंड'

अन्य विकल्प असंगत है।

अत: विकल्प (B) सही है।

17. 'लोटा' विदेशी भाषा का शब्द नहीं है।

'लोटा' शब्द देशज शब्द है।

अन्य सभी विकल्प विदेशी भाषा के शब्द हैं।

अत: विकल्प (D) सही है।

18. उपर्युक्त विकल्पों में से 'चेचक' एक विदेशज शब्द हैं।

चेचक (तुर्की शब्द हैं) जिसका अर्थ होता है "एक तरह की बीमारी"।

देशज	अर्थ
इडली	दक्षिण भारतीय व्यंजन
ताम्बूल	पान का पत्ता
बाजरा	एक प्रकार की फसल

अत: विकल्प (A) सही है।

19. 'लालटेन' शब्द विदेशज वर्ग में आता है। लालटेन शब्द अंग्रेज़ी के लॅन्टर्न शब्द का अपभ्रंश है।

जो शब्द विदेशी भाषाओं से ज्यों के त्यों अथवा परिवर्तित रूप में हिन्दी में प्रयोग किये जाते है 'विदेशज शब्द' कहलाते हैं। जैसे- लालटेन, बोतल, तारपीन, आदमी, तोप, अमीर, टिन नोटिस इत्यादि।

अत: विकल्प (D) सही है।

20. उपर्युक्त विकल्पों में से चश्मा विदेशज शब्द है।

यह फारसी भाषा का शब्द है। शेष शब्दों में से जूता, देशज शब्द, जीभ, तद्भव शब्द, जिसका तत्सम् रूप जिह्वा तथा वायु तत्सम शब्द हैं।

अत: विकल्प (A) सही है।

21. उपरोक्त विकल्पों में फुनगी देशज शब्द है क्योंकि यह शब्द आम बोल-चाल की भाषा का शब्द है।

फुनगी का अर्थ है, वृक्ष की शाखा या घास का अगला भाग या सिरा या ऊपरी नोक, पर्वत की चोटी।

ऐसे शब्द जो किसी स्थान विशेष के लोगों द्वारा अपनी आवश्यकतानुसार बना लिए जाते है तथा सीमित क्षेत्र में ही प्रयुक्त किए जाते हैं, देशज शब्द कहलाते हैं। इसलिए, स्पष्ट है कि फुनगी ही सटीक विकल्प है। अन्य विकल्प असंगत है।

अत: विकल्प (B) सही है।

22. उपर्युक्त विकल्पों में से 'टाँग' एक देशज शब्द है।

वे शब्द जो क्षेत्रीय भाषा में प्रयुक्त होते है तथा ये देश की विभिन्न बोलियों से लिए जाते है, वे शब्द देशज शब्द कहलाते है। इन्हें आवश्यकता अनुसार उपयोग किया जाता है और ये बाद में प्रचलन में आकर हमारी भाषा का हिस्सा बन जाते हैं।

उदाहरण - उटपटांग, काका, खटपट।

अत: विकल्प (C) सही है।

23. उपर्युक्त विकल्पों में से 'तजुर्बा' एक विदेशज शब्द हैं।

तजुर्बा (अरबी शब्द) जिसका अर्थ होता है "अनुभव" अन्य विकल्पों के शब्द देशज हैं।

देशज	अर्थ
खिचड़ी	एक प्रकार का चावल का व्यंजन
खिड़की	रोशनदान
कपास	एक प्रकार की फसल

अत: विकल्प (D) सही है।

24. 'आसार' शब्द विदेशज शब्द है, अन्य सभी विकल्प असंगत हैं।

विदेशज: विदेशी भाषाओं से हिंदी में आये शब्दों को विदेशी शब्द कहा जाता है। इन विदेशी भाषाओं में मुख्यतः अरबी, फारसी, तुर्की, अंग्रेजी व पुर्तगाली शामिल हैं। जैसे- अदा, अजब, अजीब, अमीर आदि।

अत: विकल्प (B) सही है।

25. उपर्युक्त विकल्पों में से 'उपरोक्त सभी' देशज हैं।

शब्द	परिभाषा	उदाहरण
तत्सम शब्द	ऐसे शब्द जिन्हें बिना किसी परिवर्तन के संस्कृत से हिन्दी में शामिल कर लिया गए हों।	जैसे - आम्र, उष्ट्र, ऐश्वर्य, षष्ठी आदि।
तद्भव शब्द	ऐसे शब्द जो संस्कृत से हिंदी में आने पर उनका रूप बदल गया।	जैसे - आग, खीर, छत आदि।
देशज शब्द	ऐसे शब्द जो देश की अन्य या क्षेत्रीय भाषा से हिंदी में सम्मिलित हुए।	जैसे – थैला, लोटा, टाँग, पगड़ी आदि।
विदेशज/ आगत/ विदेशी शब्द	अन्य देश की भाषा से आये हुए शब्द जो हिंदी भाषा में सम्मिलित हुए। इन विदेशी भाषाओं में मुख्यतः अरबी, फारसी, तुर्की, उर्दू, अंग्रेजी व पुर्तगाली शामिल हैं।	जैसे - अदालत, ऑफिसर, बुखार, हज़म आदि।
संकर शब्द	हिंदी में वे शब्द जो अलग-अलग भाषाओं के शब्दों को मिलाकर बनाए गए हैं, संकर शब्द कहलाते हैं।	जैसे - उप-बोली, भोजन-घर, छायादार, फलदार इत्यादि

अत: विकल्प (D) सही है।

26. 'बहस' विदेशी शब्द है, अन्य विकल्प असंगत है।

बहस 'अरबी' भाषा का शब्द है। अत: यह विदेशी शब्द की श्रेणी में आता है।

लोटा, जगमग, घोटाला ये सभी शब्द देशज शब्द है।

अत: विकल्प (A) सही है।

27. उपर्युक्त विकल्पों में से 'जूता' एक देशज शब्द है। अन्य विकल्पों के शब्द विदेशी हैं। वे शब्द जो क्षेत्रीय भाषा में प्रयुक्त होते है तथा ये देश की विभिन्न बोलियों से लिए जाते है, वे शब्द देशज शब्द कहलाते है। इसलिए, सही विकल्प 'जूता' है।

अत: विकल्प (A) सही है।

28. उपर्युक्त विकल्पों में से 'मटरगश्ती' एक विदेशज शब्द हैं। जो शब्द विदेशी भाषा के हैं, परंतु हिंदी में उन शब्दों का बहुत प्रचलन होता है। ऐसे शब्द विदेशी या विदेशज शब्द कहलाते हैं।

मटरगश्ती (पश्तो शब्द) जिसका अर्थ होता है "मस्ती" करना ,अन्य विकल्पों के शब्द देशज हैं। इसलिए, सही विकल्प 'मटरगश्ती' है।

अतः विकल्प (A) सही है।

29. 'विज्ञापन' विदेशी भाषा का शब्द नहीं है।

विज्ञापन शब्द की उत्पत्ति दो शब्दों की मेल से हुई है - वि+ज्ञापन

विज्ञापन का अर्थ है - जानकारी कराना, सूचित करना।

अतः विकल्प (D) सही है।

30. झोपड़ी देशज शब्द है।

झोपड़ी शब्द की उत्पत्ति हिंदी से ही हुई है।

झोपड़ी का अर्थ है - कुटिया

अतः विकल्प (A) सही है।

Ques (1-5):निर्देश: प्रस्तुत गद्यांश को पढ़िए और उचित विकल्पों का चयन करके उत्तर दीजिये।

गांधी चलती-फिरती कक्षा भी लगाया करते थे। अपने छोटे- छोटे लड़कों को घर पढ़ाने के लिए गांधी समय नहीं निकाल पाते थे, इसलिए दफ्तर जाते समय बच्चे अपने बापू के साथ हो लेते थे। वे प्रति दिन पाँच मील पैदल चलते-चलते कहानी के रूप में गुजराती साहित्य, कविता और अन्य विषयों का ज्ञान प्राप्त किया करते थे। बच्चों को स्कूल भेजने के सवाल पर झंझट उठ खड़ा हुआ था। अंग्रेजों के स्कूल में भारतीय बच्चों को दाखिला नहीं मिलता था। गांधी को विशेष छूट मिल सकती थी। किंतु जो उनके सब भारतीय भाईयों को न मिले, उन्होंने ऐसी सुविधा नहीं ली। गांधी अपने बच्चों को अंग्रेजी स्कूलों में भेजकर मातृभाषा के बजाय अंग्रेजी और अंग्रेजियत नहीं सिखाना चाहते थे। कुछ दिनों के लिए एक अंग्रेज महिला ने उनके बच्चों को अंग्रेजी पढ़ाई और बाकी विषय उन्होंने खुद पढ़ाए। अपने घर में रहने वाले अंग्रेज मित्रों तथा आने-जाने वालों के संपर्क में उनके बच्चों ने अंग्रेजी बोलने का अच्छा अभ्यास कर लिया था।

फिनिक्स में गांधी ने आश्रमवासियों के बच्चों के लिए एक पाठशाला खोली। गांधी स्वयं उसके प्रधान शिक्षक थे और अन्य साथी सहशिक्षक। गांधी जो काम स्वयं नहीं कर पाते थे उसे दूसरों को करने का उपदेश नहीं देते थे। उनकी मान्यता थी कि जो शिक्षक स्वयं भीरू और अनियमित होगा वह विद्यार्थियों को साहस और नियम पालन नहीं सिखा पाएगा। शिक्षक को अपने विद्यार्थियों के समझ आदर्श रूप होना चाहिए। उन्हें जब भी समय मिलता, वह बहुत कुछ पढ़ डालते और कोई नहीं बात सीख लेते थे। पैंसठ साल की आयु में जेल में रहते हुए उन्होंने पहली बार आकाश में ग्रह-नक्षत्र को पहचानना सीखा था।

Q.1 गांधीजी कैसे काम किसी दूसरे से करने के लिए नहीं कहते थे?

A. जो कठिन होते है

B. जो आसान हो

C. जो उपदेशो से भरे होते है

D. जो काम वे स्वयं नहीं कर पाते थे

Q.2 शिक्षक को अपने शिक्षार्थियों के समझ आदर्श रूप होना चाहिए क्योंकि-

A. ऐसा प्रचलन है

B. शिक्षार्थी शिक्षक के व्यवहार का अनुगमन करते हैं

C. शिक्षक आदर्शवादी होता है

D. शिक्षक को ऐसा ही करना सिखाया गया है

Q.3 उपर्युक्त गद्यांश के आधार पर कहा जा सकता है कि गांधीजी _________ में विश्वास रखते थे।

A. जीवनपर्यंत शिक्षा

B. व्यावसायिक शिक्षा

C. बेसिक (मूलभूत) शिक्षा

D. आदर्शों पर आधारित शिक्षा

Q.4 इनमें से कौन सा यौगिक शब्द नहीं है?

A. अनियमित   **B.** भारतीय   **C.** आदर्श   **D.** पाठशाला

Q.5 फिनिक्स में गाँधी जी क्या थे?

A. प्रधान शिक्षक   **B.** सह-शिक्षक

C. शिक्षक   **D.** सहयोगी

Ques (6-10):निर्देश: गद्यांश को पढ़कर दिए गए प्रश्न के उचित विकल्प को चुनिए।

भगत सिंह की फांसी की सजा सुन कर, भारतवासी स्तम्भ थे। क्योकि प्रत्येक व्यक्ति भगत सिंह को अपने ही आत्मीय जान समझता था। कुछ वकीलों ने जब उन्हें यह परामर्श दिया कि यदि वे वायसराय को क्षमायाचना का पत्र भेजें, तो शायद सजा में कुछ छूट मिल जाए तो भगत सिंह ने हंसकर इस परामर्श को टाल दिया वे बोले – "मेरे देश पर अत्याचार करने वाली सरकार से मैं 'क्षमायाचना कैसे कर सकता हूँ? मुझे गर्व है कि मैं अपने देश के लिए फांसी पर चढ़ने जा रहा हूँ। इस तरह अनेक विरोधों के बाद भी फाँसी का दिन टल नहीं सका। उनकी माता विधावती जी पुत्र से मिलने आई तो भगत सिंह ने बड़े गर्व से कहा –"बेबे आप मेरी लाश लेने मत आना, कहीं आपकी आँखों में आँसू आ गए तो लोग कहेंगे कि भगतसिंह की माँ रो रही है।" 24 मार्च सन 1931 को फाँसी का दिन था, पर अंग्रेज सरकार जानती थी कि भगत सिंह के भक्त दिन चढ़ते ही जेल के दरवाजे पर आ जुटेंगे, अत: सभी नियमों को तोड़ कर 23 मार्च की रात को ही उन तीनों को फाँसी दे दी गई। परंतु आश्चर्य की बात यह है कि फाँसी का फंदा चूमने के पहले भगत सिंह का वजन बढ़ गया था। रातों-रात रावी तट पर इन अमर शहीदों की लाशों को जला दिया गया। अगली सुबह जब परिवारजन व अन्य व्यक्ति वहाँ पहुँचे, तो केवल भस्म ही शेष थी।

Q.6 भगत सिंह को वायसराय के पास पत्र भेजने को किसने कहा था?

A. जेलर ने   **B.** वकील ने

C. अध्यापक ने   **D.** न्यायाधीश ने

Q.7 भगत सिंह की माँ का क्या नाम था?

A. लीलावती   **B.** कलावती   **C.** विधावती   **D.** मायावती

Q.8 भगत सिंह को किस तारीख पर फाँसी दी गयी?

A. 23 मार्च   **B.** 22 मार्च   **C.** 21 मार्च   **D.** 24 मार्च

Q.9 फांसी का फंदा चूमने के पहले किसका वजन बढ़ गया था?

A. महात्मा गाँधी   **B.** चन्द्रशेखर आजाद

C. राजीव गाँधी   **D.** भगतसिंह

Q.10 भगत सिंह का दाह संस्कार किस नदी के तट पर हुआ?

A. रावी   **B.** महानदी   **C.** चिताब   **D.** सतलज

Ques (11-15):निर्देशः नीचे दिए गए अपठित गद्यांश को ध्यानपूर्वक पढ़ें एवं उस पर आधारित प्रश्न के उत्तर दें।

बातचीत करते समय हमें शब्दों के चयन पर विशेष ध्यान देना चाहिए, क्योंकि सम्मानजनक शब्द व्यक्ति को उदात्त एवं महान बनाते हैं। बातचीत को सुगम एवं प्रभावशाली बनाने के लिए सदैव प्रचलित भाषा का ही प्रयोग करना चाहिए। अत्यंत साहित्यिक एवं क्लिष्ट भाषा के प्रयोग से कहीं ऐसा न हो कि हमारा व्यक्तित्व चोट खा जाए। बातचीत में केवल विचारों का ही आदानप्रदान नहीं होता, बल्कि व्यक्तित्व का भी आदान-प्रदान होता है। अतः शिक्षक वर्ग को शब्दों का चयन सोच-समझकर करना चाहिए। शिक्षक वास्तव में एक अच्छा अभिनेता होता है, जो अपने व्यक्तित्व, शैली, बोलचाल और हावभाव से विद्यार्थियों का ध्यान अपनी ओर आकर्षित करता है और उन पर अपनी छाप छोड़ता है।

Q.11 शिक्षक होता है:

A. राजनेता   **B.** साहित्यकार

C. अभिनेता   **D.** कवि

Q.12 बातचीत में किस प्रकार की भाषा का प्रयोग करना चाहिए?

A. अप्रचलित   **B.** प्रचलित   **C.** क्लिष्ट   **D.** रहस्यमयी

Q.13 'शिक्षक वर्ग' को बोलना चाहिए?

A. सोच-समझकर   **B.** ज्यादा

C. बिना सोचे-समझे   **D.** तुरंत

Q.14 बातचीत में आदान-प्रदान होता है:

A. केवल विचारों का   **B.** केवल भाषा का
C. केवल व्यक्तित्व का   **D.** विचारों एवं व्यक्तित्व का

Q.15 उपर्युक्त गद्यांश का उचित शीर्षक है:

A. बातचीत की कला   **B.** शब्दों का चयन
C. साहित्यिक भाषा   **D.** व्यक्तित्व का प्रभाव

Ques (16-20):निर्देश: निम्नलिखित गद्यांश का ध्यानपूर्वक अध्ययन करें तथा दिए गए प्रश्न का सही उत्तर दें:

देश में पांचवें लॉकडाउन का लागू होना उतना ही जरूरी हो गया था, जितना लॉकडाउन में ढील देना। कड़ाई और ढील की मिली-जुली व्यवस्था ही समय की मांग है। प्रधानमंत्री ने मन की बात कार्यक्रम में भी इसी मजबूरी की ओर संकेत करते हुए चेताया है कि देश खुल गया है, अब ज्यादा सतर्क रहने की आवश्यकता है। वाकई सतर्कता आज प्राथमिकता है, तभी हम न केवल अपने कार्य-व्यापार को आगे बढ़ा पाएंगे, स्वयं को सुरक्षित रखने में भी कामयाब होंगे। जाहिर है, लॉकडाउन पांच पिछले लॉकडाउन की तरह नहीं है। अब केवल कंटेनमेंट जोन में ही लॉकडाउन रखना अनिवार्य होगा। साथ ही, इस बार राज्यों की भूमिका वाकई बहुत बढ़ गई है। उन्हें अपने स्तर पर बड़े फैसले करने हैं। मध्य प्रदेश, पंजाब, तमिलनाडु, बिहार इत्यादि राज्यों ने तो लॉकडाउन को 30 जून तक बढ़ाने का फैसला कर लिया है। कुछ राज्य 15 जून तक ही लॉकडाउन के पक्ष में हैं। आज कुछ राज्य ज्यादा चिंतित हैं, तो समझा जा सकता है। पिछले लॉकडाउन की अगर हम चर्चा करें, तो 14 दिनों में ही संक्रमण के लगभग 86 हजार मामले सामने आए हैं। आंकड़ों को अलग से देखें, तो चिंता होती है, लेकिन दूसरे देशों से तुलना करें, तो अपेक्षाकृत संतोष होता है। हमारा यह संतोष कायम रहना चाहिए।

यह चर्चा जारी रहेगी कि जब देश में 500 मामले भी नहीं थे, तब बहुत कड़ाई से लॉकडाउन लगाया गया था, लेकिन जब मामले दो लाख के करीब पहुंचने लगे हैं, तब लॉकडाउन में ढील दी जा रही है। जब केंद्र और राज्य सरकारें ढील पर विचार कर रही थीं, तब 30 मई को संक्रमण के मामलों में रिकॉर्ड इजाफा दर्ज हुआ है। अब एक दिन में 8,000 से ज्यादा मामले आने लगे हैं, तो आने वाले दिनों में क्या होगा? मरने वालों की संख्या भी 5,000 के पार जा चुकी है। ऐसे में, जब धर्मस्थल, रेस्तरां, होटल, शॉपिंग मॉल, स्कूल-कॉलेज खुल जाएंगे, तब क्या होगा? जब सड़कों पर सार्वजनिक वाहन दौड़ने लगेंगे, फिर क्या होगा? धर्म और शिक्षा के मंदिर देश में हमेशा से भीड़ भरे रहे हैं। ये हमारे समाज के सबसे कमजोर मोर्चे हैं, जहां संचालकों-प्रबंधकों को विशेष रूप से चौकस रहना होगा। धर्मस्थल के संचालकों की ओर से आ रहे दबाव को समझा जा सकता है, पर वहां फिजिकल डिस्टेंसिंग को सुनिश्चित रखना अच्छे संस्कार, सभ्यता की नई निशानी होगी। धर्म प्रेरित मानवता भी हमें एक-दूसरे की चिंता के लिए प्रेरित करती है। हम सभी न चाहते हुए भी एक-दूसरे को प्रभावित करते रहते हैं। कोरोना के संदर्भ में अनेक लोगों को अब यह नहीं पता चल रहा है कि उन्हें कोरोना किससे लगा? घर से निकलने वाला एक आदमी अगर अनेक लोगों के संपर्क में आएगा, तो यह पता लगाना उत्तरोत्तर कठिन होता जाएगा कि कोरोना की कौन-सी श्रृंखला आगे बढ़ रही है। लॉकडाउन पांच के समय देश ऐसी अनेक तरह की नई चुनौतियों की ओर बढ़ रहा है। संदिग्ध लोगों की निगरानी का काम हाथ-पैर फुला देगा। बेशक, अर्थव्यवस्था में कुछ सुधार हम देखेंगे और देश के लोगों को राहत देने के लिए यह अपरिहार्य है। ध्यान रहे, हर जगह पुलिस या सरकार खड़ी नहीं हो सकती, हमें स्वयं अनुशासित नागरिक बनकर अपनी और अपने पास के लोगों की पहरेदारी करनी है।

Q.16 देश में पाँचवे लॉकडाउन के बाद किन-किन चुनौतियों का सामना करना होगा?

A. सार्वजनिक स्थलों के खुलने के बाद भीड़भाड़ की स्थिति से निपटना
B. सोशल डिस्टेंसिंग का सख्ती से पालन करवाना
C. लोगों को जागरूक करना
D. उपरोक्त सभी

Q.17 'अच्छे संस्कार तथा सभ्यता की निशानी होगी' ये कथन किन चीज़ों को जहन मे रखते हुये कहा गया है?

A. सही ढंग से जीवनयापन करना
B. सफलता की ओर अग्रसर होना
C. सोशल डिस्टेंसिंग तथा साफ-सफाई पर ध्यान देना
D. बड़ों की सहयता करना

Q.18 संक्रमित व्यक्ति अगर घर से बाहर निकलता है तो इसके सबसे भयावह दुष्परिणाम क्या हो सकते है?

A. संक्रमित व्यक्ति की मौत हो सकती है
B. किसी दुसरे व्यक्ति की मौत हो जाये
C. संक्रमण श्रृंखला बन जाये ओर उसे ढूंढ पाना मुश्किल हो जाए
D. (B) और (C) दोनों

Q.19 किन-किन राज्यो ने प्रधानमंत्री के सामने लॉकडाउन को बढ़ाने की मांग की?

A. केरल, महाराष्ट्र, गोआ, कश्मीर
B. बिहार, मध्यप्रदेश, तमिलनाडु, पंजाब
C. गुजरात, उत्तराखण्ड, कर्नाटक, दिल्ली
D. उत्तर प्रदेश, राजस्थान, हरियाणा, हिमाचल प्रदेश

Q.20 "हाथ-पैर फूलना" मुहावरे का सही अर्थ क्या है?

A. संयम खोना   **B.** सहम जाना
C. साहस दिखाना   **D.** इनमें से कोई नहीं

Ques (21-25):निर्देश: इस गद्य को ध्यान से पढ़े और नीचे दिए गए प्रश्न का उत्तर दें:

साहित्य, भाषा और समाज का अत्यंत घनिष्ठ सम्बन्ध रहा है। समाज के चित्तवृत्ति के परिवर्तन का प्रभाव साहित्य और उसकी भाषा पर भी पड़ता है। यह प्रभाव साहित्यिक विधाओं का रूप परिवर्तन भी तय करता है। हमारे वैदिक पौराणिक नरंपरा में जहाँ संवादों महाकाव्यों का महत्त्व रहा है, वही आज साहित्य का रूप बहुत बदल चुका है। आख्यायिका परंपरा का साहित्य आज निबंध, कहानी, कथा उपन्यास आदि जैसे अनेक विधाओं में परिवर्तित हो चुका है यह परिवर्तन सामाजिक चित्तवित्त में होने वाले परिवर्तन के कारण ही होता है। समाज की भावदशा एवं मनोदशा में परिवर्तन के साथ-साथ भाषा का रूप भी परिवर्तित होता रहता है।

साहित्य, भाषा और समाज के इन्ही संबंधों के परिणामस्वरूप भाषा भी अपनी यात्रा तय करती है। अपनी आरम्भिक रूप से लेकर अब तक हिंदी भाषा के रूप में अनेक परिवर्तन हुए है। यह परिवर्तन काव्य-भाषा एवं गद्य भाषा के रूप में प्रतिष्ठा के साथ-साथ सूक्ष्म भावात्मक अभिव्यक्ति की भाषा के रूप में भी दृष्टिगत होती है। गद्य भाषा के रूप में सर्वाधिक वैविध्यपूर्ण रूप औपन्यासिक भाषा का है। औपन्यासिक भाषा में काव्य-भाषा की भावुकता, निबंध भाषा की विचारात्मकता, जीवनी का माधुर्य, नाट्य भाषा की प्रत्युत्पन्नता के साथ-साथ देशकाल एवं परिवेश का चित्रण भी दृष्टिगत होता है।

हिंदी की वर्तमान औपन्यासिक परंपरा का आरम्भ "परीक्षागुरू" उपन्यास से माना जाता है। परीक्षागुरू उपन्यास की भाषा भी सामान्य वर्णात्मक स्तर की है। हिंदी औपन्यासिक परंपरा में कथा सम्राट प्रेमचंद का विशेष स्थान है। प्रेमचंद ने सामान्य जन की भाषा को अपने उपन्यास के फलक पर उतारने का काम किया। प्रेमचंद के ही समकालीन कथाकारों में जैनेन्द्र मनोविश्लेषणवादी कथाकार थे। जैनेन्द्र ने औपन्यासिक भाषा को भाषा के वर्णात्मक स्तर से ऊपर उठाया। जैनेन्द्र हिंदी के ऐसे कथाकार के रूप में जाने जाते है जिन्की भाषा में कविता, निबंध, नाटक एवं आत्मकथात्मक तीनो शैलियों का प्रयोग देखा जा सकता है।

Q.21 परीक्षागुरू उपन्यास की भाषा किस स्तर की है?

A. मनोविश्लेषणवादी   **B.** वर्णात्मक
C. वैविध्यपूर्ण   **D.** भावपूर्ण

Q.22 हिंदी की वर्तमान औपन्यासिक परंपरा का आरम्भ कब से माना जाता है?

A. परीक्षागुरू उपन्यास से   **B.** प्रेमचंद्र के समय से
C. वैदिक काल से   **D.** वर्तमान युग से

Q.23 शब्द अत्यंत में कौन सी संधि है?

A. गुण संधि   **B.** अयादी संधि
C. यण संधि   **D.** विसर्ग संधि

Q.24 हिंदी औपन्यासिक परंपरा में किसका विशेष स्थान है?

A. प्रेमचंद्र का   **B.** समाज का   **C.** जैनेन्द्र का   **D.** परंपरा का

Q.25 शब्द सामाजिक में कौन सा प्रत्यय है?

A. इक   **B.** जिक   **C.** क   **D.** सम

Ques (26-30):निर्देश: इस गद्य को ध्यान से पढ़े और नीचे दिए गए प्रश्न का उत्तर दें:

अभ्यास आत्मविश्वास बढ़ाने का सर्वोत्तम साधन है। भगवान बुद्धि सभी को देता है किंतु जो लोग अभ्यास से अपनी बुद्धि बढ़ा देते हैं वो बुद्धिमान और चतुर कहलाते हैं। जो बुद्धि से काम नहीं लेते वे मूर्ख रह जाते हैं। जिस प्रकार बिखर पड़े लोहे को भी जंग लग जाती है इस प्रकार जिस अंग से हम काम लेते हैं वह शक्तिपूर्ण बन जाता है और जिस से काम नहीं लेते वह दुर्बल रह जाता है। प्रकृति द्वारा दी गई शक्तियों का सदुपयोग करना ही अभ्यास है। इससे शक्तियों का विकास होता है।

बिना अभ्यास के सिद्धि प्राप्त नहीं होती। बिना अभ्यास के प्राप्त सिद्धि स्थिर भी नहीं रह पाती। विद्यार्थी कुछ दिनों के लिए व्याकरण को दोहराना छोड़ दे तो पढ़ा हुआ पाठ भी भूल जाता है। कभी-कभी पढ़ते रहे तो वह उसे सदा के लिए याद रहेगा। अभ्यास ही नहीं लगातार अभ्यास करना चाहिए।

केवल शिक्षा में ही नहीं, जीवन के किसी भी क्षेत्र में सफलता प्राप्त करने के लिए अभ्यास करना अत्यंत आवश्यक है। अभ्यास से कार्य में कुशलता आती है एवं कठिनाइयां सरल हो जाती हैं। अभ्यास से समय की बचत होती है। अभ्यास से साधक के अनुभव में वृद्धि होती है, कमियां दूर हो जाती हैं और वह धीरे-धीरे पूर्णता की ओर अग्रसर होता जाता है।

Q.26 आत्मविश्वास बढ़ाने का सर्वोत्तम साधन है?

A. भगवान   **B.** बुद्धि   **C.** अभ्यास   **D.** शक्ति

Q.27 जो बुद्धि से काम नहीं लेते हैं वे क्या रह जाते हैं?

A. याद   **B.** सिद्धि   **C.** मूर्ख   **D.** सदा

Q.28 निम्नलिखित में से अभ्यास के माध्यम से क्या प्राप्त होती है?

A. बुद्धि   **B.** सिद्धि   **C.** शिक्षा   **D.** कमियां

Q.29 "निर्मल शक्ति" शब्द में कौन सा विशेषण है?

A. गुणवाचक विशेषण   **B.** सार्वनामिक विशेषण
C. संख्यावाचक विशेषण   **D.** परिमाणवाचक विशेषण

Q.30 निम्नलिखित में से कुशलता शब्द का अर्थ नहीं है?

A. योग्यता   **B.** अधमता   **C.** प्रवीणता   **D.** निपुणता

// स्मार्ट उत्तर पुस्तिका //

| सही उत्तर | उन छात्रों का प्रतिशत जिन्होंने प्रश्नों का सही उत्तर दिया था। | | छोड़ दिया | उन छात्रों का प्रतिशत जिन्होंने प्रश्नों को छोड़ दिया था। |

प्रश्न संख्या	उत्तर	सही उत्तर / छोड़ दिया	प्रश्न संख्या	उत्तर	सही उत्तर / छोड़ दिया	प्रश्न संख्या	उत्तर	सही उत्तर / छोड़ दिया	प्रश्न संख्या	उत्तर	सही उत्तर / छोड़ दिया	प्रश्न संख्या	उत्तर	सही उत्तर / छोड़ दिया	प्रश्न संख्या	उत्तर	सही उत्तर / छोड़ दिया	प्रश्न संख्या	उत्तर	सही उत्तर / छोड़ दिया
1	D	76.76 % / 20.8 %	6	B	79.7 % / 17.05 %	11	C	87.46 % / 11.6 %	16	D	85.8 % / 10.49 %	21	B	76.95 % / 20.08 %	26	C	80.97 % / 14.88 %
2	B	89.97 % / 10.03 %	7	C	78.2 % / 10.81 %	12	C	83.67 % / 16.04 %	17	C	77.59 % / 13.57 %	22	A	87.88 % / 11.09 %	27	C	87.89 % / 11.42 %
3	C	81.49 % / 10.7 %	8	A	84.97 % / 12.82 %	13	A	84.23 % / 12.92 %	18	C	89.44 % / 10.02 %	23	C	79.3 % / 18.63 %	28	B	77.93 % / 16.85 %
4	C	79.19 % / 20.64 %	9	D	85.82 % / 11.29 %	14	D	78.31 % / 15.11 %	19	B	78.58 % / 13.64 %	24	A	83.71 % / 11.52 %	29	A	80.03 % / 18.37 %
5	A	85.85 % / 10.53 %	10	A	83.72 % / 15.3 %	15	B	76.35 % / 17.2 %	20	B	88.3 % / 11.19 %	25	A	87.24 % / 12.36 %	30	B	86.18 % / 11.71 %

//संकेत और समाधान//

1. गांधीजी जो काम वे स्वयं नहीं कर पाते थे उसे किसी दूसरे से करने के लिए नहीं कहते थे।

गद्यांश से - गांधीजी जो काम स्वयं नहीं कर पाते थे उसे दूसरों को करने का उपदेश नहीं देते थे। उनकी मान्यता थी कि जो शिक्षक स्वयं भीरू और अनियमित होगा वह विद्यार्थियों को साहस और नियम पालन नहीं सिखा पाएगा।

अतः विकल्प (D) सही है।

2. शिक्षक को अपने शिक्षार्थियों के समझ आदर्श रूप होना चाहिए क्योंकि शिक्षार्थी शिक्षक के व्यवहार का अनुगमन करते हैं।

अतः विकल्प (B) सही है।

3. उपर्युक्त गद्यांश के आधार पर कहा जा सकता है कि गांधीजी बेसिक (मूलभूत) शिक्षा में विश्वास रखते थे।

गद्यांश से - गांधी अपने बच्चों को अंग्रेजी स्कूलों में भेजकर मातृभाषा के बजाय अंग्रेजी और अंग्रेजियत नहीं सिखाना चाहते थे।

अतः विकल्प (C) सही है।

4. जो शब्द कई सार्थक शब्दों के मेल से बने हों, वे यौगिक कहलाते हैं। उदाहरण- पंकज = पंक + ज (कीचड़ में उत्पन्न होने वाला)

आदर्श यौगिक शब्द नहीं है।

आदर्श में सार्थक शब्दो का मेल नही है।

अतः विकल्प (C) सही है।

5. गद्यांश से - फिनिक्स में गांधी स्वयं उसके प्रधान शिक्षक थे।

अतः विकल्प (A) सही है।

6. भगत सिंह को वायसराय के पास क्षमा याचना पत्र भेजने का परामर्श वकील ने दिया जिससे हो सकता है कि शायद सजा में कुछ छूट मिल जाए तो भगतसिंह ने हंसकर इस परामर्श को टाल दिया।

अतः विकल्प (B) सही है।

7. गद्यांश के अनुसार, भगत सिंह की माँ नाम विधावती था। जब भगत सिंह की माँ अपने पुत्र से मिलने आयी तो भगत सिंह ने कहा माँ आप मेरी लाश मत लेने आना नहीं तो आपके आंसू देखकर लोग कहेंगे, भगत सिंह की माँ रो रही है।

अतः विकल्प (C) सही है।

8. दिए गए गद्यांश के अनुसार, भगत सिंह को 23 मार्च को फाँसी दी गयी। जबकि 24 मार्च सन 1931को फाँसी का दिन था अंग्रेज सरकार यह जानते थे कि भगतसिंह के भक्त दिन चढ़ने पर जेल के दरवाजे पर आ जुटेंगे इसलिए एक दिन पहले ही उन्हें फासी दे दी।

अतः विकल्प (A) सही है।

9. फांसी का फंदा चुमने के पहले भगतसिंह को वजन बढ़ गया था। क्योंकि उन्हें अपने मातृभूमि के प्रति अपने आप को न्यौछावर करने में गर्व अनुभव हो रहा था।

अतः विकल्प (D) सही है।

10. भगत सिंह का दाह संस्कार रातों-रात "रावी" नदी के किनारे किया गया और सभी अमर शहीदों को जला दिया गया और सुबह परिजनों के आने पर उन्हें केवल भस्म ही मिली।

अतः विकल्प (A) सही है।

11. प्रस्तुत गद्यांश के अनुसार, "शिक्षक वर्ग को शब्दों का चयन सोच-समझकर करना चाहिए। शिक्षक वास्तव में एक अच्छा अभिनेता होता है, जो अपने व्यक्तित्व, शैली, बोलचाल और हावभाव से विद्यार्थियों का ध्यान अपनी ओर आकर्षित करता है और उन पर अपनी छाप छोड़ता है।"

अतः विकल्प (C) सही है।

12. प्रस्तुत गद्यांश के अनुसार, "बातचीत को सुगम एवं प्रभावशाली बनाने के लिए सदैव प्रचलित भाषा का ही प्रयोग करना चाहिए। अत्यंत साहित्यिक एवं क्लिष्ट भाषा के प्रयोग से कहीं ऐसा न हो कि हमारा व्यक्तित्व चोट खा जाए।"

अतः विकल्प (C) सही है।

13. प्रस्तुत गद्यांश के अनुसार, "शिक्षक वर्ग को शब्दों का चयन सोच-समझकर करना चाहिए।"

अतः विकल्प (A) सही है।

14. प्रस्तुत गद्यांश के अनुसार, "बातचीत में केवल विचारों का ही आदान-प्रदान नहीं होता, बल्कि व्यक्तित्व का भी आदान-प्रदान होता है।"

अतः विकल्प (D) सही है।

15. उपर्युक्त गद्यांश का उचित शीर्षक "शब्दों का चयन" है।

अतः विकल्प (B) सही है।

16. उपरोक्त गद्यांश के अध्ययन से यह ज्ञात होता है कि लॉकडाउन खुलने के बाद सबसे बड़ी दिक्कत सार्वजनिक स्थलों, दुकानों, होटल पर देखने को मिल सकता है, लगभग तीन महीने के बाद सरकार द्वारा दी गयी छूट लोगों में थोड़ी खुशी है पर रोज की तरह लोग अपने दिनचर्या का पालन करते वक़्त सोशल डिस्टेंसिंग अनदेखी कर सकते हैं जो जानलेवा साबित हो सकता ओर ये सरकार तथा आम आदमी के लिये सही नहीं है। इन्हीं सब बातो को मद्देनज़र रखते हुए, सरकार तथा नागरिको की ज़िम्मेदारी बनती है की सोशल डिस्टेंसिंग का पालन करें और दूसरों को भी इस बारे में जागरूक करें।

अतः विकल्प (D) सही है।

17. उपरोक्त गद्यांश के अध्ययन से यह ज्ञात होता है कि स्वास्थ्य के नजरिये से जब तक महामारी को रोकने का सही प्रतिबंध नही हो जाता तब तक हमें खुद तथा दुसरे को भी गन्दगी तथा भीड़ से बचाना है यही एक अच्छे संस्कार तथा सभ्यता का सटिक उदाहरण होगा। अतः सोशल डिस्टेंसिंग तथा साफ़-सफाई बहुत जरुरी है।

अतः विकल्प (C) सही है।

18. "घर से निकलने वाला एक आदमी अगर अनेक लोगों के संपर्क में आएगा, ..." उपरोक्त छंद के अध्ययन से यह ज्ञात होता है कि संक्रमित व्यक्ति अपनी एक जान के साथ ना जाने कितने लोगो को संक्रमित कर चुका होगा यह कहना असम्भव है, विभिन्न लोगों के सम्पर्क मे आने से श्रखला का रूप बहुत ही भयावह है। और उससे संक्रमित लोगो को ढूंड पाना कठिन होगा।

अतः विकल्प (C) सही है।

19. "मध्य प्रदेश, पंजाब, तमिलनाडु, बिहार इत्यादि राज्यों ने ....." उपरोक्त छंद के अध्ययन से यह ज्ञात होता है कि बिहार, मध्यप्रदेश, तमिलनाडू, पंजाब इन राज्यों के मुख्यमंत्री ने लॉक-डाउन बढ़ाने की माँग की।

अतः विकल्प (B) सही है।

20. "हाथ-पैर फूलना" अर्थित डर जाना या सहम जाना।

जैसे - जब हमारे सामने मुसीबत आती हैं तो हम उनसे लड़ने के बजाय पीछे भाग जाते हैं, अर्थित हमारे हाथ-पैर फूलने लगते हैं।

जैसा कि गद्यांश में दिया गया है, लॉकडाउन पाँच के समय देश ऐसी अनेक तरह की नई चुनौतियों की ओर बढ़ रहा है। संदिग्ध लोगों की निगरानी का काम हाथ-पैर फुला देगा।....

अत: विकल्प (B) सही है।

21. परीक्षागुरू उपन्यास की भाषा वर्णात्मक स्तर की है। अन्य विकल्प अनुचित उत्तर हैं।

- मनोविश्लेषणवादी -मनो-विज्ञान की मनोविश्लेषण धारा का अनुयायी
- वर्णात्मक - वर्णों में लिखा जा सकने वाला
- वैविध्यपूर्ण - विविधता से पूर्ण या भरा हुआ
- भावपूर्ण - भावनात्मक

अत: विकल्प (B) सही है।

22. हिंदी की वर्तमान औपन्यासिक परंपरा का आरम्भ परीक्षागुरू उपन्यास से माना जाता है। अन्य विकल्प अनुचित उत्तर हैं।

- परंपरा - एक के पीछे दूसरा ऐसा क्रम
- वैदिक - वेद की बातों का अनुसरण करने वाला

अत: विकल्प (A) सही है।

23. शब्द अत्यंत में यण संधि है। अन्य विकल्प अनुचित उत्तर हैं।

यण संधि: इ, ई, उ, ऊ या ऋ का मेल यदि असमान स्वर से हो तो इ, ई का 'य'; उ, ऊ का 'व' और ऋ का 'र' हो जाता है।

जैसे - यदि + अपि (इ + अ) = यद्यपि, अनु + एषण = अन्वेषण।

अत: विकल्प (C) सही है।

24. हिंदी औपन्यासिक परंपरा में प्रेमचंद्र का विशेष स्थान है। अन्य विकल्प अनुचित उत्तर है।

- औपन्यासिक - उपन्यास के लिए आवश्यक विशेषताओं से युक्त।
- परंपरा - एक के पीछे दूसरा ऐसा क्रम

अत: विकल्प (A) सही है।

25. शब्द सामाजिक में इक प्रत्यय है। अन्य विकल्प अनुचित उत्तर हैं।

प्रत्यय: जो शब्दांश, शब्दों के अंत में जुड़कर अर्थ में परिवर्तन लाये, प्रत्यय कहलाते है।

- शब्द: सामाजिक
- प्रत्यय: समाज+इक

अत: विकल्प (A) सही है।

26. उपयुक्त गद्यांश के अनुसार आत्मविश्वास बढ़ाने का सर्वोत्तम साधन अभ्यास है।

अर्थात निरंतर अभ्यास के माध्यम से हम अपने आत्मविश्वास को बढ़ा सकते हैं।

अत: विकल्प (C) सही है।

27. उपर्युक्त गद्यांश के अनुसार जो बुद्धि से काम नहीं लेते हैं वे मूर्ख रह जाते हैं।

जो बुद्धि से काम नहीं लेते वे मूर्ख रह जाते हैं। जिस प्रकार बिखर पड़े लोहे को भी जंग लग जाती है इस प्रकार जिस अंग से हम काम लेते हैं वह शक्तिपूर्ण बन जाता है और जिस से काम नहीं लेते वह दुर्बल रह जाता है।

अत: विकल्प (C) सही है।

28. उपर्युक्त गद्यांश के अनुसार अभ्यास के माध्यम से सिद्धि प्राप्त होती है।

यदि हम बिना अभ्यास के सिद्धि प्राप्त करें तो वह स्थिर नहीं रह पाती है।

अत: विकल्प (B) सही है।

29. "निर्मल शक्ति"शब्द में गुणवाचक विशेषण है। अन्य विकल्प असंगत है।

निर्मल शक्तियों में निर्मल शब्द को प्रदर्शित करता है। अतः यह गुणवाचक विशेषण का उदाहरण है।

गुणवाचक विशेषण: "जो शब्द, किसी व्यक्ति या वस्तु के गुण, दोष, रंग, आकार, अवस्था, स्थिति, स्वभाव, दशा, दिशा, स्पर्श, गंध, स्वाद आदि का बोध कराए, 'गुणवाचक विशेषण' कहलाते हैं।"

अत: विकल्प (A) सही है।

30. उपर्युक्त विकल्पों में से विकल्प अधमता सही है तथा अन्य विकल्प असंगत है।

अधमता: नीचा या दुष्ट कृत्य, पापाचार

अत: विकल्प (B) सही है।

Q.1 क्षीर का तद्भव शब्द चुनें।
A. भविष्य   B. खीर   C. गली   D. गेहूँ

Q.2 'थाली' का तत्सम रूप है:
A. स्थाली   B. थालिका   C. थ्याली   D. थालि

Q.3 'जामुन' का तत्सम रूप है:
A. यामुन   B. यामुण   C. जंबु   D. जांबून

Q.4 'परिवा' का तत्सम रूप क्या है?
A. परवा   B. परेवा   C. प्रतिपदा   D. पड़ीवा

Q.5 निम्नलिखित में अग्नि का तद्भव रूप कौन सा है?
A. अटारी   B. दबाना   C. आग   D. दूब

Q.6 'केला' का तत्सम शब्द क्या है?
A. केलकः   B. कदली   C. कदलिकः   D. कदर्लिकः

Q.7 निम्नलिखित विकल्पों में से आठ का तत्सम शब्द ज्ञात कीजिए-
A. तीखा   B. अटारी   C. अष्ट   D. गहरा

Q.8 निम्नलिखित में कौन सा शब्द तत्सम नहीं हैं?
A. अस्थि   B. कर्ण   C. पुत्र   D. कुछ

Q.9 निम्नलिखित में कौन सा शब्द तद्भव है।
A. निद्रा   B. पृष्ठ   C. जीभ   D. दश

Q.10 निम्नलिखित में कौन सा शब्द तत्सम नहीं हैं ?
A. ग्राम   B. गणना   C. घृत   D. काठ

Q.11 निम्नलिखित में कौन सा शब्द तद्भव है?
A. अश्रु   B. कोयल   C. काष्ठ   D. गदर्भ

Q.12 नीचे दिए गये विकल्पों में से तत्सम - तदभव शब्दो का कौन सा युग्म सही सुमेलित नहीं है?
A. वर्षा - बरसात   B. वार्ता - बहस
C. स्वर्ण - सोना   D. सर्प - साँप

Q.13 "श्रृंग" का उचित तदभव शब्द होगाः
A. श्रृग   B. सीख   C. सींग   D. साँकल

Q.14 'बारात' का तत्सम रूप है:
A. वर्रात   B. बरात   C. ब्रांत   D. वरयात्रा

Q.15 निम्नलिखित में से तद्भव शब्द है:
A. ज्योत्सना   B. श्रेष्ठी   C. परीक्षा   D. घर

Q.16 'पियासा' का तत्सम रूप क्या है?
A. प्यासा   B. पिपासा   C. पियास   D. पयास

Q.17 निम्नलिखित शब्दों में से तद्भव शब्द का चयन कीजिए:
A. दुर्बल   B. तुंद   C. पत्ता   D. द्विवर

Q.18 निम्नलिखित में कौन सा शब्द 'प्रस्तर' का तद्भव है?
A. पाथर   B. पत्थर   C. पत्तर   D. फत्थर

Ques (19-21):निर्देश: निम्नलिखित का तत्सम शब्द का चयन कीजिए।

Q.19 अदरक

A. आदी   B. आद्रक   C. आर्द्रक   D. श्रृंगवेर

Q.20 घड़ी
A. घटिका   B. वक्त   C. बेला   D. अवसर

Q.21 मच्छर
A. मत्सर   B. डंस   C. पिस्सू   D. मसा

Q.22 निम्नलिखित तत्सम-तद्भव शब्दों का संगत युग्म है:
A. खर्पट – खोपड़ी   B. सक्तु – सत्य
C. पर्यंक – पलंग   D. घोटक – घड़ा

Q.23 निम्नलिखित में से तत्सम शब्द समूह का चयन कीजिये।
A. इरषा, हल्दी, उल्लू   B. अक्षि, शर्करा, इष्टिका
C. हल्दी, आधा, इष्टिका   D. उल्लू अक्षि, इरषा

Q.24 दिए गए शब्द का तद्भव शब्द बताइए:
स्वेद
A. श्वेत   B. साफ
C. पसीना   D. इनमे से कोई नहीं

Q.25 'चोर' का तत्सम शब्द है:
A. चोरिनी   B. चोटिका   C. चरौ   D. चौर

Q.26 निम्नलिखित में से किस तत्सम - तद्भव का युग्म सही नहीं है?
A. उत्साह - उछाह   B. कृतगृह - कचहरी
C. अक्षर - अच्छर   D. उलूखल - उल्लू

Q.27 'मृतिका' का तद्भव रूप बताइए।
A. मरना   B. मारना   C. मिट्टी   D. बालू

Q.28 'साक्षी' का उचित तद्भव रूप क्या है?
A. सखी   B. सखि   C. साखी   D. साखि

Q.29 निम्नलिखित में तद्भव शब्द है:
A. अग्नि   B. पुष्प   C. शलाका   D. चौदह

Q.30 निर्देश: दिए गए शब्द का तद्भव शब्द बताइए।
शर्करा
A. शर्कर   B. शरकृ   C. शक्कर   D. शककर

// स्मार्ट उत्तर पुस्तिका //

सही उत्तर	उन छात्रों का प्रतिशत जिन्होंने प्रश्नों का सही उत्तर दिया था।	छोड़ दिया	उन छात्रों का प्रतिशत जिन्होंने प्रश्नों को छोड़ दिया था।

प्रश्न संख्या	उत्तर	सही उत्तर / छोड़ दिया	प्रश्न संख्या	उत्तर	सही उत्तर / छोड़ दिया	प्रश्न संख्या	उत्तर	सही उत्तर / छोड़ दिया	प्रश्न संख्या	उत्तर	सही उत्तर / छोड़ दिया	प्रश्न संख्या	उत्तर	सही उत्तर / छोड़ दिया	प्रश्न संख्या	उत्तर	सही उत्तर / छोड़ दिया
1	B	88.27 % / 11.48 %	6	B	77.13 % / 16.83 %	11	B	82.1 % / 10.44 %	16	B	83.82 % / 10.1 %	21	A	82.02 % / 11.35 %	26	D	80.98 % / 10.15 %
2	A	89.23 % / 10.42 %	7	C	76.53 % / 18.64 %	12	B	89.62 % / 10.03 %	17	C	87.76 % / 11.27 %	22	C	77.92 % / 19.87 %	27	C	89.98 % / 10.01 %
3	D	76.24 % / 15.58 %	8	D	77.58 % / 14.12 %	13	C	79.35 % / 15.1 %	18	B	88.13 % / 10.38 %	23	B	77.29 % / 11.83 %	28	C	87.69 % / 11.29 %
4	C	83.72 % / 13.84 %	9	C	88.36 % / 11.07 %	14	D	83.24 % / 11.89 %	19	B	89.34 % / 10.38 %	24	C	77.67 % / 21.27 %	29	D	82.92 % / 11.15 %
5	C	81.27 % / 17.11 %	10	D	88.32 % / 10.73 %	15	D	82.88 % / 16.96 %	20	A	80.26 % / 14.52 %	25	D	78.93 % / 14.59 %	30	C	85.97 % / 13.55 %

//संकेत और समाधान//

1. दिए गए विकल्पों में से तद्भव शब्द खीर है। अन्य विकल्प असंगत है।

अन्य विकल्प:

- खीर : क्षीर
- गली : वीधी
- गेहूँ : गोधूम

तत्सम शब्द: ऐसे शब्द जिन्हें बिना किसी परिवर्तन के संस्कृत से हिन्दी में शामिल कर लिया गए हों।

- जैसे - आम्र, उष्ट्र, ऐश्वर्य, षष्ठी आदि।

अर्धतत्सम शब्द: ऐसे शब्द जो संस्कृत से थोड़ा परिवर्तित होकर हिंदी में आये हैं।

- जैसे - कार्य से कारज, धैर्य से धीरज आदि।

तद्भव शब्द: ऐसे शब्द जो संस्कृत से हिंदी में आने पर उनका रूप बदल गया।

- जैसे - आग, खीर, छत आदि।

अत: विकल्प (B) सही है।

2. 'थाली' का स्थाली तत्सम रुप है।

- थाली प्रचलित देशज शब्द है।
- स्थाली इसका सही तत्सम रूप है।
- तत्सम रूप शुद्ध और संस्कृत से प्रयोग में लिए जा रहे शब्द होते है।

अत: विकल्प (A) सही है।

3. 'जामुन' का जांबूण तत्सम रूप है।

जामुन का तत्सम शब्द जांबूण है। तत्सम शब्द तत्+सम से मिलकर बना है, जिसका अर्थ है – उसके समान या ज्यों का त्यों। अर्थात् जो शब्द संस्कृत भाषा से हिन्दी में आए हैं और ज्यों के त्यों प्रयुक्त होते हैं, तत्सम शब्द कहलाते हैं। दूसरे शब्दों में संस्कृत के वे शब्द जो हिन्दी में यथावत् ले लिए गये हैं, तत्सम शब्द कहलाते हैं। जैसे–अग्नि, वर्षा, श्लोक, कृष्ण, कृपा आदि तत्सम शब्द हैं।

अत: विकल्प (D) सही है।

4. प्रतिपदा ही परिवा का तत्सम रूप है। अन्य सभी विकल्प असंगत है।

प्रतिपदा हिन्दू महिने का प्रथम दिन होता है।

तत्सम: संस्कृत भाषा के वे शब्द जो हिन्दी में अपने वास्तविक रूप में प्रयुक्त होते है, उन्हें तत्सम शब्द कहते है।

उदाहरण:

- दुग्ध - दूध
- हस्त - हाथ
- कुब्ज - कुबड़ा

अत: विकल्प (C) सही है।

5. दिए गए विकल्पों में सही उत्तर 'आग' है। अन्य विकल्प इसके अनुचित उत्तर है।

- अग्नि - आग
- अटारी - अट्टालिका
- दबाना - दमन
- दूब - दूर्वा

अत: विकल्प (C) सही है।

6. निम्न विकल्पों में से 'केला' का तत्सम शब्द है 'कदली'।

अत: विकल्प (B) सही है।

7. आठ का तत्सम शब्द अष्ट है।

आठ - अष्ट

तीखा - तीक्ष्ण

अटारी - अट्टालिका

गहरा - गम्भीर

अत: विकल्प (C) सही है।

8. 'कुछ' शब्द तत्सम नहीं हैं।

- यह शब्द तद्भव है।
- इसका तत्सम 'किंचित' होगा।
- जिन शब्दों को संस्कृत से बिना किसी परिवर्तन के ले लिया जाता है, उन्हें तत्सम शब्द कहते हैं।

अन्य विकल्प:

तत्सम शब्द	तद्भव शब्द
अस्थि	हड्डी
कर्ण	कान
पुत्र	पूत

अत: विकल्प (D) सही है।

9. 'जीभ' तद्भव शब्द है।

- इसका तत्सम 'जिह्वा' शब्द होता है।
- यह मानव शरीर का महत्वपूर्ण अंग है।
- समय और परिस्थितियों के कारण कुछ परिवर्तन होने से जो शब्द बने हैं उन्हें तद्भव शब्द कहते हैं।

अन्य विकल्प:

तत्सम	तद्भव
निद्रा	नींद
पृष्ठ	पीछे
दश	दस

अत: विकल्प (C) सही है।

10. 'काठ' शब्द तत्सम नहीं हैं।

- 'काठ' तद्भव शब्द है।
- इसका मतलब 'लकड़ी' होता है।
- इसका तत्सम 'काष्ठ' होगा।
- जिन शब्दों को संस्कृत से बिना किसी परिवर्तन के ले लिया जाता है, उन्हें तत्सम शब्द कहते हैं।

अन्य विकल्प:

तत्सम	तद्भव
ग्राम	गांव
गणना	गिनना
घृत	घी

अत: विकल्प (D) सही है।

11. 'कोयल' शब्द तद्भव है।

- 'कोयल' का तत्सम शब्द 'कोकिल' होगा।

- समय और परिस्थितियों के कारण कुछ परिवर्तन होने से जो शब्द बने हैं उन्हें तन्द्रव शब्द कहते हैं।

अन्य विकल्प:

तत्सम शब्द	तन्द्रव शब्द
अश्रु	आंसू
काष्ठ	काठ
गर्दभ	गधा

अत: विकल्प (B) सही है।

12. दिए गए विकल्पो में "वार्ता - बहस" युग्म गलत सुमेलित है।

"वार्ता" का उचित तद्भव "बात" होगा।
अत: विकल्प (B) सही है।

13. "श्रृंग" का उचित तद्भव शब्द "सींग" होगा।

"श्रृंग" का शाब्दिक अर्थ शिखर या चोटी होता है।
अत: विकल्प (C) सही है।

14. बरात शब्द का तत्सम रूप वरयात्रा है।

तत्सम दो शब्दों से मिलकर बना है – तत + सम, जिसका अर्थ होता है – उसके (संस्कृत के) समान। जिन संस्कृत के मूल शब्दों को बिना किसी परिवर्तन के हिन्दी में ज्यों का त्यों प्रयोग किया जाता है, उन्हें तत्सम शब्द कहते हैं। जैसे – सूर्य, वर्षा, नयन, धरित्रि आदि।

अत: विकल्प (D) सही है।

15. उपर्युक्त विकल्पों में घर तन्द्रव शब्द है, इसका तत्सम 'गृह' होगा। ज्योत्सना, श्रृष्टी, परीक्षा तत्सम शब्द हैं।

तत्सम: ऐसे शब्द जो संस्कृत से ज्यों के त्यों लिए गए, तत्सम होते हैं। कूप, उष्ट्र, पंचम आदि।

तन्द्रव: संस्कृत से हिंदी में आने पर जिन शब्दों का रूप बदल गया हो, तन्द्रव कहलाते हैं।आग, काम, पाँच आदि।

अत: विकल्प (D) सही है।

16. पियासा का अर्थ है जिसे किसी काम या बात की प्रबल कामना हो।

इसका उचित तत्सम पिपासा होगा।

अत: विकल्प (B) सही है।

17. दिए गए विकल्पों में से 'पत्ता' शब्द तन्द्रव है।

पत्ता का तत्सम रूप 'पत्र' होगा।

पत्ता के पर्यायवाची रूप हैं - पत्ती, पात, पाती, पल्लव, पर्ण।

अन्य विकल्प:

तत्सम	तन्द्रव
दुर्बल	दुबला
तुंद	तोंद
द्विवर	देवर

अत: विकल्प (C) सही है।

18. 'प्रस्तर' का तन्द्रव शब्द 'पत्थर' है। अतिरिक्त विकल्प निरर्थक हैं।

प्रस्तर के लिए अन्य शब्द 'उपल, पाहन, पाषाण' हैं।

अत: विकल्प (B) सही है।

19. अदरक का तत्सम आद्रक होगा। अन्य सभी अदरक के पर्यायवाची शब्द है।

संस्कृत के कुछ शब्द ऐसे होते हैं, जो हिंदी में भी बिना परिवर्तन के प्रयुक्त होते हैं उन शब्दों को तत्सम शब्द कहते हैं तन्द्रव शब्द वे शब्द हैं, जिनमे थोडा सा परिवर्तन करके हिंदी में प्रयुक्त किया जाता है।

अत: विकल्प (B) सही है।

20. घड़ी का तत्सन घटिका होगा। अन्य सभी घड़ी के पर्यायवाची शब्द है।

संस्कृत के कुछ शब्द ऐसे होते हैं, जो हिंदी में भी बिना परिवर्तन के प्रयुक्त होते हैं उन शब्दों को तत्सम शब्द कहते हैं। तन्द्रव शब्द वे शब्द हैं, जिनमे थोडा सा परिवर्तन करके हिंदी में प्रयुक्त किया जाता है।

अत: विकल्प (A) सही है।

21. मच्छर का तत्सम मत्सर होगा। अन्य सभी मच्छर के पर्यायवाची शब्द है।

संस्कृत के कुछ शब्द ऐसे होते हैं, जो हिंदी में भी बिना परिवर्तन के प्रयुक्त होते हैं उन शब्दों को तत्सम शब्द कहते हैं। तन्द्रव शब्द वे शब्द हैं, जिनमे थोडा सा परिवर्तन करके हिंदी में प्रयुक्त किया जाता है।

अत: विकल्प (A) सही है।

22. पर्यंक – पलंग यहाँ तत्सम और तन्द्रव शब्दों का सही युग्म है। अन्य विकल्प असंगत है।

पर्यंक और पलंग दोनों एक ही अर्थ वाले शब्द है।

अत: विकल्प (C) सही है।

23. "अक्षि, शर्करा, इष्टिका" तीनो शब्द तत्सम शब्द है। क्योंकि यह तीनो संस्कृत से ज्यों के त्यों प्रयोग में लिए जा रहे हैं।

अन्य विकल्प:

तत्सम	तन्द्रव
ईर्ष्या	इरषा
हरिद्रा	हल्दी
उलूक	उल्लू

अत: विकल्प (B) सही है।

24. स्वेद शब्द का तन्द्रव शब्द पसीना होता है। अन्य विकल्प असंगत है।

श्वेत: सफ़ेद; उजला; धवल

साफ: धूल या मैल आदि से रहित; निर्मल; स्वच्छ

अत: विकल्प (C) सही है।

25. चोर शब्द का तत्सम शब्द चौर है। अन्य विकल्प असंगत है।

चोर शब्द का तत्सम शब्द चौर होता है।

तत्सम शब्द: ऐसे शब्द जो हिंदी में संस्कृत में सीधे आ गए है और आज भी संस्कृत के मूल शब्द की ही भांति हिंदी में प्रयुक्त होते है। तत्सम शब्द कहते है।

भारतीय भाषाओं में तत्सम और तन्द्रव शब्दों का बाहुल्य है।

इसके अलावा इन भाषाओं के कुछ शब्द 'देशज' और अन्य कुछ 'विदेशी' हैं।

अत: विकल्प (D) सही है।

26. उपर्युक्त युग्मों में से 'उलूखल - उल्लू' युग्म सही नहीं है। 'उलूखल' का तन्द्रव 'ओखली' है। अन्य विकल्प तत्सम - तन्द्रव की दृष्टि से सही हैं। इसलिए, सही विकल्प 'उलूखल - उल्लू' है।

अत: विकल्प (D) सही है।

27. 'मृतिका' तत्सम शब्द है जिसका तन्द्रव रूप 'मिट्टी' होता है।

तत्सम दो शब्दों से मिलकर बना है – तत् + सम, जिसका अर्थ होता है ज्यों का त्यों।

जिन शब्दों को संस्कृत से बिना किसी परिवर्तन के ले लिया जाता है उन्हें तत्सम शब्द कहते हैं।

इनमें ध्वनि परिवर्तन नहीं होता है।

समय और परिस्थिति की वजह से तत्सम शब्दों में जो परिवर्तन हुए हैं उन्हें तद्भव शब्द कहते हैं।

अत: विकल्प (C) सही है।

28. 'साक्षी' शब्द तत्सम है जिसका उचित तद्भव रूप 'साखी' है।

तत्सम: संस्कृत भाषा के वे शब्द जो हिन्दी में अपने वास्तविक रूप में प्रयुक्त होते है, उन्हें तत्सम शब्द कहते है।

- जैसे - कवि, माता, विद्या, नदी

तद्भव: ऐसे शब्द, जो संस्कृत और प्राकृत से विकृत होकर हिंदी में आये है, 'तद्भव' कहलाते है।

- जैसे - दुग्ध-दूध हस्त-हाथ, कुब्ज-कुबड़ा

अत: विकल्प (C) सही है।

29. 'चौदह' शब्द तद्भव है क्योंकि इसकी उत्पत्ति संस्कृत शब्द चतुर्दश से हुई है।

अन्य विकल्प:

अग्रि	आग
पुष्प	फूल
शालाका	सलाई

अत: विकल्प (D) सही है।

30. दिए गए विकल्पों में से 'शर्करा' शब्द का उचित तद्भव शब्द 'शक्कर' होगा।

अन्य विकल्प अनुचित हैं।

शक्कर विदेशज शब्द है जिसे चीनी, खांड भी कहते हैं।

अत: विकल्प (C) सही है।

Q.1 'उड़ती चिड़ियाँ के पंख गिनना' मुहावरे का सही अर्थ होगाः
A. अनुभवी होना
B. वाक्चतुर होना
C. प्रतिभाशाली होना
D. विजय प्राप्त होना

Q.2 'नियम विरुद्ध कार्य करना' अर्थ के अनुकूल सही मुहावरा हैः
A. सूरज को दिया दिखाना
B. उल्टी गंगा बहाना
C. दाई से पेट छिपाना
D. नौ दा ग्यारह हो जाना

Q.3 'ढाक के तीन पात' मुहावरे का सही अर्थ होगाः
A. एक समान स्थिती रहना
B. साफ इंकार कर देना
C. बेकार घूमना
D. परवाह न करना

Q.4 'तन पर नहीं लत्ता, पान खाये अलबत्ता' मुहावरे का अर्थ होगाः
A. झूठा दिखावा करना
B. बुरी आदत का शिकार होना
C. बहुत गरीब होना
D. रोब डालना

Q.5 'चिकना घड़ा होना' मुहावरा का सही अर्थ हैः
A. चिकना चुपड़ा होना
B. समृद्ध होना
C. निर्लज्ज होना
D. मधुरभाषी होना

Q.6 'ईंट से ईंट बजाना' मुहावरे का क्या अर्थ है?
A. सब कुछ नष्ट कर देना
B. सारी लंका ढा देना
C. घर का भेदी लंका ढाए
D. ईंट का जवाब पत्थर से देना

Q.7 'चाँद पर थूकना' मुहावरे का आशय हैः
A. निर्दोष पर दोष लगाना
B. निरर्थक काम करना
C. सौंदर्य का अनादर करना
D. सम्माननीय का अनादर करना

Q.8 "खटाई में पड़ना" मुहावरे का आशय है।
A. बहुत कष्ट होना
B. नुकसान होना
C. पछतावा होना
D. निर्णय न होना

Q.9 'थोथा _____ बाजे _____' – लोकोक्ति को उचित विकल्प से पूर्ण कीजिए।
[UP Police Sub Inspector, 2017]
A. काला, घोड़ा
B. चना, घना
C. घोड़ा, काला
D. घना, चना

Q.10 "ओस चाटने से प्यास नही बुझती" लोकोक्ति के लिए उपयुक्त अर्थ का विकल्प है-
A. प्यास बुझाने के लिए पानी पीना पड़ता है
B. बड़े लक्ष्य की प्राप्ति हेतु किया गया थोड़ा प्रयत्न व्यर्थ होता है, बड़े काम के लिए बड़ा प्रयत्न करना पड़ता है
C. बहुत अधिक कंजूसी से भी कार्य नही होता
D. जैसा काम करते हैं, वैसा ही परिणाम मिलता है

Q.11 "लकीर का फकीर" लोकोक्ति का सबसे उपयुक्त अर्थ है-
A. जैसा स्वामी वैसा ही सेवक
B. मूर्ति-पूजा को मानने वाला

C. परिवर्तनशील प्रकृति वाला
D. पुरानी प्रथा पर चलने वाला

Q.12 'गुड़ गोबर करना' मुहावरे का क्या अर्थ है?
A. काम पर ध्यान न देना
B. बने बनाए काम को बिगाड़ना
C. काम बनाना
D. काम करते जाना

Q.13 'ओखली में सिर देना' लोकोक्ति का अर्थ है -
A. जान-बूझकर अपने को जोखिम में डालना।
B. सिर में दर्द होना।
C. अधिक जानने वाले को उपदेश देने वाला।
D. डर या दुःख से घबरा जाना।

Q.14 'अंगूठा दिखाना' मुहावरे का अर्थ होगा-
A. वीरता का प्रदर्शन करना
B. विवेक से काम लेना
C. इनकार करना
D. परेशान करना

Q.15 'अंधो में ञाना राजा' मुहावरे का शाब्दिक अर्थ है:
A. इज्जत बच जाना
B. अयोग्य व्यक्तियों के बीच कम योग्य भी बहुत योग्य होता है।
C. शत्रु से मुकाबला होना
D. संपत्ति का बचा रह जाना

Q.16 निम्न वाक्य के लिए सही शब्द भरकर मुहावरा पूरा करें-
आजकल ऐसी इमारतें बनती हैं जो _____ से बातें करती हैं।
[UP Police ASI, 2018]
A. जमीन
B. आपस
C. एक-दूसरे
D. आसमान

Q.17 दिए गए मुहावरे की सहायता से वाक्य पूरा करें-
छोटू अपने घरवालों के _____ बन गया है।
[UP Police ASI, 2018]
A. गले का हीरा
B. गल की माला
C. गले का आभूषण
D. गले का हार

Q.18 निर्देशः उपयुक्त मुहावरों से वाक्य की पूर्ति कीजिए।
जो गरजते है वे बरसते नही
A. गरजने वाले बादल अक्सर बिना बरसे लोट जाते है
B. अधिक सर मचाने वाले व्यक्ति किसी को नुकसान नही पहुचाते है
C. बहुत बोलने वाले व्यक्ति किसी को हुछ नही देते
D. जो व्यक्ति बहुत बोलते है वे विशेष सफल नही होते

Q.19 सौ सयाने एक मत का अर्थ है:
A. कुछ भी निश्चय न कर पाना
B. ज्यादा चालाक बनना
C. अच्छे विचारों में भिन्नता होना
D. बुद्धिमान के विचार एक-से होते हैं

Q.20 किस विकल्प में मुहावरे का भावार्थ सही है?
A. दो दिन का मेहमान- जल्दी जाने वाला
B. दूध का दूध और पानी का पानी कर देना- दूध और पानी अलग कर देना
C. दाल में काला होना- संदेह होना

D. दौड़-धूप करना- तेज दौड़ना

D. समान गुण वाले दो साथी

Q.21 वाक्यांश 'बाधा दूर होना' के लिए उपयुक्त मुहावरे का चयन कीजिये।
A. कलेजे पर साँप लोटना
B. कांटा निकलना
C. कलेजा पसीजना
D. पत्ता खड़कना

Q.22 किस विकल्प में मुहावरे का अर्थ सही नहीं है?
A. दिल टुकड़े-टुकड़े होना या दिल टूटना- बहुत निराश होना
B. दिल बाग-बाग होना- अत्यधिक हर्ष होना
C. दूध की नदियाँ बहना- खूब पानी होना
D. दोनों हाथों से लुटाना-खूब खर्च करना

Q.23 किस विकल्प में मुहावरे का अर्थ सही है?
A. दबे पाँव आना- छत से आना
B. दाँत निपोरना- व्यर्थ हँसना
C. धोबी का कुत्ता घर का न घाट का- जल्द मरने वाला
D. धतूरा खाए फिरना- खूब लाभ होना

Q.24 दिए गए विकल्पों में से सही लोकोक्ति रूप का चयन करें -
A. गए थे हरिभजन को फंस गए माया में
B. आए थे हरिभजन को ओटन लगे कपास
C. आए थे हरिभजन को ओटन लगे गेहूं
D. आए थे कीर्तन करने को करने लगे भजन

Q.25 'आम के आम गुठलियों के दाम' लोकोक्ति का अर्थ है:
A. लाभ के बदले हानि
B. दोहरा लाभ होना
C. बहुत हानि होना
D. तिहरा लाभ होना

Q.26 'अच्छे काम का परिणाम अच्छा होता' अर्थ के लिए उचित लोकोक्ति है
-
A. अंधा क्या चाहे दो आंखें
B. अंत भले का भला
C. अंधी पीसे कुत्ता खाए
D. अकेली मछली सारा तलाब गंदा कर देती

Q.27 'एक हाथ से ताली नहीं बजती' लोकोक्ति का सही अर्थ है:
A. जो पक्ष में है वही अच्छा होता है
B. झगड़ा एक पक्ष से होता है
C. पक्ष विपक्ष एक समान
D. झगड़ा एक पक्ष से नहीं होता

Ques (28-30):निर्देश: इन प्रश्नों में दी गई कहावतों/लाकोक्तियों का सही अर्थ दिए गए विकल्पों मे से चुनिए।

Q.28 हाथ कंगन को आरसी क्या?
A. गुणी को आडम्बर की जरूरत नहीं
B. धनी के लिए पैसे का महत्व नहीं
C. प्रत्यक्ष के लिए प्रमाण की आवश्यकता नहीं
D. लवान को सहयोगी की जरूरत नहीं

Q.29 देशी मुर्गी विलायती बोल
A. कम कीमत में अच्छी वस्तु
B. उम्मीद से बढ़कर
C. बेमेल बातों का मेल
D. अनोखी चीज दिखना

Q.30 एक तो करेला, दूजे नीम चढ़ा
A. दोगुनी फायदेमंद वस्तु
B. अत्यंत स्वास्थ्यवर्धक चीज
C. बुरे के साथ और बुरे का मेल

// स्मार्ट उत्तर पुस्तिका //

सही उत्तर	उन छात्रों का प्रतिशत जिन्होंने प्रश्नों का सही उत्तर दिया था।		छोड़ दिया	उन छात्रों का प्रतिशत जिन्होंने प्रश्नों को छोड़ दिया था।

प्रश्न संख्या	उत्तर	सही उत्तर / छोड़ दिया	प्रश्न संख्या	उत्तर	सही उत्तर / छोड़ दिया	प्रश्न संख्या	उत्तर	सही उत्तर / छोड़ दिया	प्रश्न संख्या	उत्तर	सही उत्तर / छोड़ दिया	प्रश्न संख्या	उत्तर	सही उत्तर / छोड़ दिया	प्रश्न संख्या	उत्तर	सही उत्तर / छोड़ दिया
1	A	81.47 % / 11.75 %	6	A	82.23 % / 16.62 %	11	D	80.9 % / 13.51 %	16	D	89.62 % / 10.11 %	21	B	79.54 % / 16.6 %	26	B	82.2 % / 12.45 %
2	B	87.93 % / 10.93 %	7	A	84.03 % / 11.56 %	12	B	80.28 % / 16.02 %	17	D	84.92 % / 12.78 %	22	C	82.9 % / 10.66 %	27	D	77.1 % / 12.63 %
3	A	86.82 % / 12.02 %	8	D	76.61 % / 11.03 %	13	A	80.33 % / 12.77 %	18	D	79.99 % / 14.55 %	23	B	79.75 % / 11.22 %	28	C	79.53 % / 12.5 %
4	A	84.25 % / 14.06 %	9	B	76.54 % / 17.8 %	14	C	83.45 % / 15.13 %	19	D	87.37 % / 12.32 %	24	B	84.19 % / 13.33 %	29	C	79.38 % / 11.37 %
5	C	79.22 % / 17.99 %	10	B	88.26 % / 11.71 %	15	B	89.19 % / 10.72 %	20	C	89.84 % / 10.13 %	25	B	89.09 % / 10.22 %	30	C	76.4 % / 16.75 %

//संकेत और समाधान//

1. 'उड़ती चिड़ियाँ के पंख गिनना' मुहावरे का सही अर्थ होगा - किसी कार्य मे अत्यंत निपुण या दक्ष होना, अनुभवी होना।

वाक्य प्रयोग - मेरे साथ रहते रहते महेश अब इतना सिद्धहस्त हो गया है कि वह उड़ती चिड़िया के पंख गिनने लगा है।

अतः विकल्प (A) सही है।

2. "उल्टी गंगा बहाना" मुहावरे का अर्थ होता है - नियम विरुद्ध कार्य करना।

कोरोना काल में इंजीनियर द्वारा दवा की सलाह दिए जाने पर उनका मित्र उनसे बोला कि भाई आप तो उल्टी गंगा बहा रहे हैं।

अतः विकल्प (B) सही है।

3. 'ढाक के तीन पात' का अर्थ है - एक समान स्थिती रहना।

वाक्य प्रयोग - इतना पढ़ा लिखा होने के बाद भी नरेश तो ढाक के तीन पात निकला।

अतः विकल्प (A) सही है।

4. 'तन पर नहीं लत्ता, पान खाये अलबत्ता' का सही अर्थ होगा - झूठा दिखावा करना।

वाक्य प्रयोग - रैना इतनी कमाता है नहीं बातें बड़ी-बड़ी करता है। उसका हाल तो तन पर नहीं लत्ता पान खाए अलबत्ता वाला है।

अतः विकल्प (A) सही है।

5. 'चिकना घड़ा होना' मुहावरा का सही अर्थ है - निर्लज्ज होना।

अध्यापक के समझाने पर भी राहुल चिकना घड़ा निकला और गृह कार्य नहीं कर के लाया।

अतः विकल्प (C) सही है।

6. 'ईंट से ईंट बजाना' का अर्थ 'सब कुछ नष्ट कर देना' है। शेष विकल्प त्रुटिपूर्ण हैं।

मुहावरा: ईंट से ईंट बजाना

अर्थ: प्रयोगपूरी तरह से नष्ट करना

वाक्य: जगमोहन चाहता था कि वह अपने शत्रु के घर की ईंट से ईंट बजा दे।

अतः विकल्प (A) सही है।

7. 'चाँद पर थूकना' मुहावरे का आशय है - निर्दोश पर दोष लगाना।

जो लोग महात्मा गाँधी जी के विचारों की निंदा करते हैं यह उनके लिए चाँद पर थूकने के समान है।

अतः विकल्प (A) सही है।

8. निर्णय न होना, यहाँ सही विकल्प है। अन्य विकल्प असंगत है।

खटाई में पड़ना एक प्रचलित हिंदी मुहवरा है जिसका अर्थ किसी काम का अनिश्चित होने से है।

जैसे- इस बार की परीक्षा का परिणाम खटाई में पड़ गया है।

अतः विकल्प (D) सही है।

9. विकल्प चना, घना प्रस्तुत लोकोक्ति को पूर्ण करता है।

उपरोक्त लोकोक्ति इस प्रकार होगी- थोथा चना बाजे घना जिसका अर्थ होता है - बहुत अल्प ज्ञान होने पर भी अधिक ज्ञान का दिखावा करना।

वाक्य प्रयोग- वह दो बार नौवीं कक्षा में फेल हो चुका परन्तु दिखाता ऐसे है जैसे कितना होशियार हो। यह तो वही लोकोक्ति साबित हो गयी थोथा चना बाजे घना।

अतः विकल्प (B) सही है।

10. "ओस चाटने से प्यास नहीं बुझती" लोकोक्ति के लिए उपयुक्त अर्थ "बड़े लक्ष की प्राप्ति हेतु किया गया थोड़ा प्रयत्न व्यर्थ होता है, बड़े काम के लिए बड़ा प्रयत्न करना पड़ता है" सही है।

वाक्य प्रयोग: बेटी का विवाह करने चले हो तो दिल बड़ा करो यहां ओस चाटने से प्यास नहीं बुझती।

अतः विकल्प (B) सही है।

11. "लकीर का फकीर" लोकोक्ति का सबसे उपयुक्त अर्थ पुरानी प्रथा पर चलने वाला है।

वाक्य प्रयोग: अभिषेक के माता-पिता लकीर के फ़कीर हैं इसलिए कोई भी लड़का उनके साथ नहीं रहना चाहता।

अतः विकल्प (D) सही है।

12. 'गुड़ गोबर करना' मुहावरे का मतलब या आशय 'बने बनाए काम को बिगाड़ने' से है।

वाक्य प्रयोग: मैंने कितनी अच्छी पेंटिंग बनाई थी, तुमने सब गुड़ गोबर कर दिया।

अतः विकल्प (B) सही है।

13. 'ओखली में सिर देना' एक प्रचलित लोकोक्ति है। इस लोकोक्ति का उपयुक्त अर्थ- जान-बुझकर अपने को जोखिम में डालना।

वाक्य प्रयोग – कल हथियारबंद बदमाशों से उलझकर केशव ने ओखली में सिर दे दिया।

अतः विकल्प (A) सही है।

14. 'अंगूठा दिखाना' मुहावरे का अर्थ 'इनकार करना' है।

वाक्य प्रयोग – आज हम तारिक के घर ₹10 माँगने गए, तो उसने अँगूठा दिखा दिया।

अतः विकल्प (C) सही है।

15. 'अंधो में काना राजा' मुहावरे का शाब्दिक अर्थ अयोग्य व्यक्तियों के बीच कम योग्य भी बहुत योग्य होता है।

वाक्य प्रयोग: कक्षा 8 में जहां ज्यादा बच्चे फेल हो गए वहीं 50% अंक प्राप्त कर राधा ने प्रथम स्थान प्राप्त किया इसे कहते हैं अंधों में काना राजा बन जाना।

अतः विकल्प (B) सही है।

16. उपरोक्त रिक्त स्थान के लिए उचित मुहावरा है - आसमान से बातें करना।

आजकल ऐसी इमारतें बनती हैं जो आसमान से बातें करती हैं।

'आसमान से बातें करना' मुहावरे का अर्थ - बहुत ऊंचा होना।

वाक्य प्रयोग - आजकल रोहित आसमान से बाते करने लगा है।

अतः विकल्प (D) सही है।

17. उपरोक्त रिक्त स्थान के लिए उचित मुहावरा है - गले का हार होना।

छोटू अपने घरवालों के गले का हार बन गया हैं।

'गले का हार होना' मुहावरे का अर्थ - बहुत प्रिय होना।

वाक्य प्रयोग - भगवान राम लक्ष्मण से इतना प्रेम करते थे मानों वह उनके गले का हार हों।

अतः विकल्प (D) सही है।

18. जो गरजते है वे बरसते नही से अभिप्राय है जो व्यक्ति बहुत बोलते है वे विशेष सफल नही होते।

मुहावरे- मुहावरे अरबी भाषा का शब्द है जिसका शाब्दिक अर्थ अभ्यास करना होता है "जो शब्द अपने साधारण अर्थ को छोड़ कर विशेष अर्थ को व्यक्त करते है हिंदी मे ऐसे वाक्यांश को मुहावरा कहा जाता हैं।" मुहावरे किसी भाषा विशेष में प्रचलित उस अभिव्यक्तिक इकाई को कहते हैं जिसका प्रयोग प्रत्यक्षार्थ से अलग रूढ़ लक्ष्यार्थ के लिए किया जाता है।

अतः विकल्प (D) सही है।

19. सौ सयाने एक मत का अर्थ बुद्धिमान के विचार एक-से होते हैं।

'लोकोक्ति - लोक + उक्ति' शब्दों से मिलकर बना है जिसका अर्थ है- लोक में प्रचलित उक्ति या कथन। जब कोई पूरा कथन किसी प्रसंग विशेष में उद्धृत किया जाता है तो लोकोक्ति कहलाता है। लोकोक्ति वाक्यांश न होकर स्वतंत्र वाक्य होते हैं। उदाहरण- 'उस दिन बात-ही-बात में राम ने कहा, हाँ, मैं अकेला ही कुँआ खोद लूँगा। इन पर सबों ने हँसकर कहा, व्यर्थ बकबक करते हो, अकेला चना भाड़ नहीं फोड़ता'। यहाँ 'अकेला चना भाड़ नहीं फोड़ता' लोकोक्ति का प्रयोग किया गया है, जिसका अर्थ है 'एक व्यक्ति के करने से कोई कठिन काम पूरा नहीं होता'।

अतः विकल्प (D) सही है।

20. दाल में काला होना- संदेह होना

वाक्य प्रयोग- ये दोनों कानाफूसी कर रहे हैं, दाल में जरूर कुछ काला है।

मुहावरा परिभाषा	उदाहरण
मुहावरा का शाब्दिक अर्थ 'अभ्यास' है। मुहावरा शब्द अरबी भाषा का शब्द है। हिन्दी में ऐसे वाक्यांशों को मुहावरा कहा जाता है, जो अपने साधारण अर्थ को छोड़कर विशेष अर्थ को व्यक्त करते हैं।	अंक भरना- स्नेह से लिपटा लेना वाक्य-माँ ने स्नेह से अपने पुत्र को अंक में भर लिया।

अतः विकल्प (C) सही है।

21. काँटा निकलना का अर्थ - बाधा दूर होना

वाक्य प्रयोग- धारा 370 हटने से देश का एक पुराना कांटा निकल गया जो आज़ादी के समय से चुभा था।

मुहावरा	अर्थ	वाक्य प्रयोग
कलेजे पर साँप लोटना	डाह करना	अमित ने दो बीघे जमीन क्या खरीदी उसके पड़ोसियों के कलेजे पर तो साँप लोटने लगे।
कलेजा पसीजना	दया आना	गरीबों की दुर्दशा देखकर तो पत्थर का भी कलेजा पसीज जाए परंतु नेता तो उनसे भी कठोर हैं।
पत्ता खड़कना	आशंका होना	ये मत समझना कि मुझे कुछ नहीं पता चलता, यहाँ एक पत्ता भी खड़कता है तो मुझे पता चल जाता है।

अतः विकल्प (B) सही है।

22. दूध की नदियाँ बहना- धन-दौलत से पूर्ण होना

वाक्य प्रयोग- कहा जाता है द्वापरयुग में दूध की नदियां बहती थीं।

अन्य विकल्प:

- दिल टुकड़े-टुकड़े होना या दिल टूटना- बहुत निराश होना
- दिल बाग-बाग होना- अत्यधिक हर्ष होना
- दोनों हाथों से लुटाना-खूब खर्च करना

अतः विकल्प (C) सही है।

23. दाँत निपोरना- व्यर्थ हँसना

वाक्य प्रयोग- बेइज्जती हुई तो मनीष दाँत निपोरने लगा।

अन्य विकल्प:

- दबे पाँव आना/जाना- बिना आहट किए आना/जाना
- धोबी का कुत्ता घर का न घाट का- जिसका कहीं ठिकाना न हो, निरर्थक व्यक्ति
- धतूरा खाए फिरना- उन्मत्त होना

अत: विकल्प (B) सही है।

24. उपरोक्त सभी विकल्पों में 'आए थे हरिभजन को ओटन लगे कपास' उचित लोकोक्ति है।

- 'आए थे हरिभजन को ओटन लगे कपास' का अर्थ- आवश्यक कार्य छोड़कर अनावश्यक कार्य करने लगना।

लोकोक्ति:

- लोक + उक्ति' शब्दों से मिलकर बना है जिसका अर्थ है- लोक में प्रचलित उक्ति या कथन। जब कोई पूरा कथन किसी प्रसंग विशेष में उद्धृत किया जाता है तो **लोकोक्ति** कहलाता है।

अन्य विकल्प उचित लोकोक्ति रूप नहीं है।

अत: विकल्प (B) सही है।

25. 'आम के आम गुठलियों के दाम' लोकोक्ति का सही अर्थ दोहरा लाभ होना है।

लोकोक्ति:

- 'लोक + उक्ति' शब्दों से मिलकर बना है जिसका अर्थ है- लोक में प्रचलित उक्ति या कथन। जब कोई पूरा कथन किसी प्रसंग विशेष में उद्धृत किया जाता है तो लोकोक्ति कहलाता है।

अन्य विकल्प इसके अनुचित अर्थ हैं।

अत: विकल्प (B) सही है।

26. 'अच्छे काम का परिणाम अच्छा होता' अर्थ के लिए उचित लोकोक्ति 'अंत भले का भला' है।

लोकोक्ति - अंत भले का भला, अर्थ- अच्छे काम का परिणाम अच्छा होता।

अन्य विकल्प इसके अनुचित अर्थ हैं।

अत: विकल्प (B) सही है।

27. 'एक हाथ से ताली नहीं बजती' लोकोक्ति का सही अर्थ 'झगड़ा एक पक्ष से नहीं होता' है।

अन्य विकल्प इसके अनुचित अर्थ हैं।

अत: विकल्प (D) सही है।

28. 'हाथ कंगन को आरसी क्या' लोकोक्ति का अर्थ 'प्रत्यक्ष के लिए प्रमाण की आवश्यकता नहीं' है। शेष विकल्प असंगत हैं। अतः सही विकल्प 'प्रत्यक्ष के लिए प्रमाण की आवश्यकता नहीं' है।

'हाथ कंगन को आरसी क्या' का वास्तविक अर्थ है प्रत्यक्ष को प्रमाण की क्या आवश्यकता, आरसी का अर्थ है शीशा या दर्पण।

जिसने हाथ मे कंगन पहने हों उसे शीशे की क्या जरूरत है क्योंकि अपनी आंखों से भी उसे देखा जा सकता है।

अत: विकल्प (C) सही है।

29. 'देशी मुर्गी विलायती बोल' कहावत का अर्थ 'बेमेल बातों का मेल' है। शेष विकल्प असंगत हैं। अतः सही विकल्प 'बेमेल बातों का मेल' है।

लोकोक्ति	अर्थ	वाक्य प्रयोग

देशी मुर्गी विलायती बोल	बेमेल बातों का मेल	मेरी पड़ोसन हमेशा 'देशी मुर्गी विलायती बोल' वाले काम करती है।

अत: विकल्प (C) सही है।

30. 'एक तो करेला, दूजे नीम चढ़ा' लोकोक्ति का अर्थ 'बुरे के साथ और बुरे का मेल' है। शेष विकल्प असंगत हैं। अतः सही विकल्प 'बुरे के साथ और बुरे का मेल' है।

विशेष:

लोकोक्ति	अर्थ	वाक्य प्रयोग
एक तो करेला दूजे नीम चढ़ा	पहले से ही दोष होने पर दूसरा दोष भी आ मिलना	एक लड़की पहले ही ऑफिस में दबंगई दिखाकर सब के नाक में दम किये हुई थी और अब उसके स्वाभव वाली दूसरी लड़की भी अप्पोइंट हो गई अब तो करेला और ऊपर से नीम चढ़ा।

अत: विकल्प (C) सही है।

Q.1 'महाशय' शब्द का सही संधि विच्छेद है:
A. मह: + आशय
B. मह + आशय
C. महा + आशय
D. महाश् + अय

Q.2 श्रृंगार रस का स्थायी भाव क्या है?
A. उत्साह
B. शोक
C. हास
D. रति

Q.3 विस्मय स्थायी भाव किस रस में होता है?
A. हास्य रस
B. शांत रस
C. अद्भुत रस
D. वीभत्स रस

Q.4 प्रत्येक का सन्धि विच्छेद होगा:
[UPSESSB TGT Hindi, 2015]
A. प्रत्य + एक
B. प्रति + एक
C. प्रति + ऐक
D. प्रत्ये + एक

Q.5 'जगन्नाथ' में कौन-सी सन्धि है?
[UPSESSB TGT Hindi, 2015]
A. वृद्धि सन्धि
B. यण सन्धि
C. स्वर सन्धि
D. व्यंजन सन्धि

Q.6 'उद्योग' का संधि होगा:
[UPSESSB TGT Hindi, 2015]
A. उत् + योग
B. उद् + योग
C. उध + योग
D. उत् + उपयोग

Q.7 निम्न में से कौन वार्णिक छंद है?
[UPSESSB TGT Hindi, 2015]
A. दोहा
B. चौपाई
C. सवैया
D. रोला

Q.8 वीभत्स रस का स्थायी भाव है:
[UPSESSB TGT Hindi, 2015]
A. शोक
B. विस्मय
C. जुगुप्सा
D. अद्भुत

Q.9 वीर रस का स्थायी भाव है:
[UPSESSB TGT Hindi, 2015]
A. शोक
B. भय
C. उत्साह
D. निर्वेद

Q.10 समरस थे जड़ या चेतन सुन्दर साकार बना था।
चेतनता एक विलसती आनन्द अखंड घना था।
इन पंक्तियों में कौन सा रस है?
[UPSESSB TGT Hindi, 2015]
A. श्रृंगार रस
B. करुण रस
C. शांत रस
D. भयानक रस

Q.11 पंजाब शब्द का संधि विच्छेद है:
A. पंच + आब
B. पँचा + ब
C. पंज + अब
D. पंज + आब

Q.12 पुस्तकालय में संधि है-
A. गुण संधि
B. यण संधि
C. वृद्धि संधि
D. दीर्घ संधि

Q.13 ज्ञानोपदेश में संधि है-
A. दीर्घ संधि
B. वृद्धि संधि
C. यण संधि
D. गुण संधि

Q.14 'वाग्जाल' का संधि विच्छेद होगा:
A. वाक् + जाल
B. वाक + जाल
C. वाग् + जाल
D. वाग: + जाल

Q.15 किस रस को 'रसराज' कहा जाता है?
A. श्रृंगार रस
B. वीर रस
C. हास्य रस
D. उपरोक्त में कोई नहीं

Q.16 किस रस का स्थायी भाव रति है:
A. करुण रस
B. श्रृंगार रस
C. वीर रस
D. इनमें से कोई नहीं

Q.17 'विस्मय' स्थायी भाव किस रस में होता है?
[UP Police Sub Inspector, 2021]
A. हास्य
B. शांत
C. अद्भुत
D. वीभत्स

Q.18 यदि 'ई', 'इ', 'उ', 'ऊ' और 'ऋ' के बाद कोई भिन्न स्वर आये तो इनका परिवर्तन क्रमशः 'य', 'व' और 'र' में हो तो उसमें कौन-सी संधि होगी:
A. गुण स्वर संधि
B. यण स्वर संधि
C. वृद्धि स्वर संधि
D. अयादि स्वर संधि

Q.19 मनोविज्ञान में कौन सी संधि है:
A. व्यंजन संधि
B. विसर्ग संधि
C. यण संधि
D. दीर्घ संधि

Q.20 छन्द पढ़ते समय आने वाले विराम को कहते हैं:
A. गति
B. यति
C. तुक
D. गण

Q.21 'विद्यार्थी' शब्द का सन्धि-विच्छेद है।
A. विद्या + अर्थी
B. वि + द्यार्थी
C. विद्या + र्थी
D. विद्या + थी

Q.22 रस का शाब्दिक अर्थ है-
A. आनंद
B. मनोरंजन
C. भावुकता
D. आत्मीयता

Q.23 "बुंदेले हरबोलों के मुँह हमने सुनी कहानी थी, खूब लड़ी मर्दानी वह तो झाँसी वाली रानी थी।" इन पंक्तियों में कौन सा रस है?
A. वीर
B. शांत
C. भयानक
D. वीभत्स

Q.24 "नहि पराग नहि मधुर मधु, नहि विकास इहि काल"
"अलि कली ही सौ बिंध्यो, आगे कौन हवाल"
"इन पंक्तियों में प्रयुक्त छंद का नाम बताइये?
A. रोला
B. उल्लास
C. बरबे
D. दोहा छंद

Q.25 'जल्दी नीलगगन पर आओ। जग को मोहक छवि दिखलाओ।।' यह काव्य पंक्ति किस छंद का उचित उदाहरण है?
A. सोरठा
B. दोहा
C. चौपाई
D. बरवै

Q.26 'जो रहीम उत्तम प्रकृति, का करी सकत कुसंग। चन्दन विष व्याप्त नहीं, लिपटे रहत भुजंग।' किस छंद का उदाहरण है?
A. चौपाई
B. दोहा
C. बरवै
D. छप्पय

Q.27 'मूक होय वाचाल, पंगु चढ़इ गिरिवर गहन। जासु कृपा सो दयाल, द्रवउ सकल कलमल दहन' किस छंद का उदाहरण है?
A. चौपाई
B. सोरठा
C. बरवै
D. छप्पय

Q.28 दिए गए विकल्पों में चौपाई के प्रत्येक चरण में कितनी मात्राएं होती हैं?

A. 11

B. 13

C. 16

D. इनमें से कोई नहीं

Q.29 "उठो-उठो हे वीर, आज तुम निद्रा त्यागो

करो महासंग्राम, नहीं कायर हो भागो"

इन पंक्तियों में प्रयुक्त छंद का नाम बताइये?

A. चौपाई

B. रोला

C. कुंडलियाँ

D. दोहा छंद

Q.30 दोहा और सोरठा किस प्रकार के छंद हैं?

A. समवर्णिक

B. सममात्रिक

C. अर्द्धसममात्रिक

D. विषम मात्रिक

// स्मार्ट उत्तर पुस्तिका //

सही उत्तर — उन छात्रों का प्रतिशत जिन्होंने प्रश्नों का सही उत्तर दिया था।

छोड़ दिया — उन छात्रों का प्रतिशत जिन्होंने प्रश्नों को छोड़ दिया था।

प्रश्न संख्या	उत्तर	सही उत्तर / छोड़ दिया	प्रश्न संख्या	उत्तर	सही उत्तर / छोड़ दिया	प्रश्न संख्या	उत्तर	सही उत्तर / छोड़ दिया	प्रश्न संख्या	उत्तर	सही उत्तर / छोड़ दिया	प्रश्न संख्या	उत्तर	सही उत्तर / छोड़ दिया	प्रश्न संख्या	उत्तर	सही उत्तर / छोड़ दिया
1	C	81.47 % / 11.11 %	6	A	76.87 % / 13.15 %	11	A	79.82 % / 13.43 %	16	B	89.52 % / 10.15 %	21	A	79.1 % / 12.91 %	26	B	88.86 % / 10.64 %
2	D	80.46 % / 10.58 %	7	C	82.56 % / 14.56 %	12	D	87.9 % / 11.57 %	17	C	86.72 % / 11.23 %	22	A	89.98 % / 10.01 %	27	B	89.46 % / 10.23 %
3	C	88.33 % / 11.21 %	8	C	83.65 % / 15.41 %	13	D	87.51 % / 10.07 %	18	B	84.33 % / 13.5 %	23	A	84.02 % / 11.58 %	28	C	80.69 % / 11.43 %
4	B	76.45 % / 20.55 %	9	C	87.46 % / 10.61 %	14	A	86.03 % / 13.91 %	19	B	88.26 % / 10.47 %	24	D	82.46 % / 11.04 %	29	B	77.26 % / 11.92 %
5	D	84.79 % / 10.35 %	10	C	79.81 % / 11.2 %	15	A	86.57 % / 12.62 %	20	B	88.79 % / 11.13 %	25	C	80.14 % / 19.63 %	30	C	89.14 % / 10.21 %

//संकेत और समाधान//

1. 'महाशय' शब्द का सही संधि विच्छेद है - महा + आशय

इसमें "अ + आ = आ" का प्रयोग हुआ है यह दीर्घ सन्धि का उदाहरण है।

अतः विकल्प (C) सही है।

2. श्रृंगार रस का स्थायी भाव रति है।

नायक और नायिका के मन में संस्कार रूप में स्थित रति या प्रेम जब रस की अवस्था को पहुँचकर आस्वादन के योग्य हो जाता है तो वह 'श्रृंगार रस' कहलाता है।

अतः विकल्प (D) सही है।

3. अदभुत रस, भारतीय काव्य शास्त्र के विभिन्न रसों में से एक है, इसका स्थायी भाव आश्चर्य होता है। जब व्यक्ति के मन में विचित्र अथवा आश्चर्यजनक वस्तुओं को देखकर जो विस्मय आदि के भाव उत्पन्न होता है उसे ही अदभुत रस कहा जाता है।

अतः विकल्प (C) सही है।

4. प्रत्येक का सन्धि विच्छेद प्रति + एक है।

सन्धि (सम् + धि) शब्द का अर्थ है 'मेल' या जोड़।

दो निकटवर्ती वर्णों के परस्पर मेल से जो विकार (परिवर्तन) होता है वह सन्धि कहलाता है।

अतः विकल्प (B) सही है।

5. 'जगन्नाथ' में व्यंजन सन्धि है।

यदि किसी वर्ग के पहले वर्ण (क्, च्, ट्, त्, प्) का मेल न् या म् वर्ण से हो तो उसके स्थान पर उसी वर्ग का पाँचवाँ वर्ण हो जाता है।

जगत्+नाथ- जगन्नाथ

अतः विकल्प (D) सही है।

6. 'उद्योग' का संधि विच्छेद उत्+योग होगा।

उत्+योग = व्यंजन संधि

त् का मेल ग, घ, द, ध, ब, भ, य, र, व या किसी स्वर से हो जाए तो द् हो जाता है।

अतः विकल्प (A) सही है।

7. सवैया, वर्णिक छंद।

सवैया एक वर्णिक छन्द है। यह चार चरणों का समपाद वर्णछंद है। वर्णिक वृत्तों में 22 से 26 अक्षर के चरण वाले जाति छन्दों को सामूहिक रूप से हिन्दी में सवैया कहने की परम्परा है।

अतः विकल्प (C) सही है।

8. वीभत्स रस का स्थायी भाव जुगुप्सा होता है।

इसका स्थायी भाव जुगुप्सा होता है घृणित वस्तुओं, घृणित चीजो या घृणित व्यक्ति को देखकर या उनके संबंध में विचार करके या उनके सम्बन्ध में सुनकर मन में उत्पन्न होने वाली घृणा या ग्लानि ही वीभत्स रस कि पुष्टि करती है दूसरे शब्दों में वीभत्स रस के लिए घृणा और जुगुप्सा का होना आवश्यक होता है।

अतः विकल्प (C) सही है।

9. वीर रस का स्थायी भाव 'उत्साह' है। किसी रचना या वाक्य से वीरता जैसे स्थायी भाव की उत्पत्ति होती है, तो उसे वीर रस कहा जाता है।

अतः विकल्प (C) सही है।

10. उक्त पंक्तियों में 'शांत रस' है, जिसका स्थायी भाव 'निर्वेद' है।

शांत रस- शांति रस का विषय वैराग्य है। जहां संसार की अनिश्चित एवं दुःख की अधिकता को देखकर हृदय में विरक्ति उत्पन्न हो।

अतः विकल्प (C) सही है।

11. पंजाब शब्द का संधि विच्छेद - पंच + आब।

पंजाब में स्वर संधि है। स्वर सन्धिः स्वर के साथ स्वर का मेल होने पर जो विकार होता है, उसे स्वर सन्धि कहते हैं।

सम्+धि – दो ऐसे शब्द जो संधि बनाते हैं। संधि का मतलब मिलना, हिंदी भाषा में संधि को पूरा शब्दों के साथ पूरा नहीं लिखा जाता है। संधि के दिए गए शब्दों को अलग-अलग करके पहले की तरह करना संधि विच्छेद कहते हैं।

अतः विकल्प (A) सही है।

12. पुस्तकालय में "दीर्घ संधि" है। पुस्तकालय का संधि विच्छेद "पुस्तक + आलय" होता है।

दीर्घ संधिः-

जब दो शब्दों की संधि करते समय (अ, आ) के साथ (अ, आ) हो तो 'आ' बनता है, जब (इ, ई) के साथ (इ, ई) हो तो 'ई' बनता है, जब (उ, ऊ) के साथ (उ, ऊ) हो तो 'ऊ' बनता है। इस संधि को हम हस्व संधि भी कह सकते हैं।

उदाहरण:

- विद्या + अभ्यास : विद्याभ्यास (आ + अ = आ)
- कवि + ईश्वर : कवीश्वर (इ + ई = ई)

अतः विकल्प (D) सही है।

13. ज्ञानोपदेश में "गुण स्वर संधि" संधि है। ज्ञानोपदेश का संधि विच्छेद "ज्ञान + उपदेश" होता है। तथा इसमें "गुण स्वर संधि" लागू होती है।

गुण संधि स्वर संधि का एक भेद अथवा प्रकार है। जब संधि करते समय (अ, आ) के साथ (इ, ई) हो तो 'ए' बनता है, जब (अ, आ) के साथ (उ, ऊ) हो तो 'ओ' बनता है, जब (अ, आ) के साथ (ऋ) हो तो 'अर' बनता है तो यह गुण संधि कहलाती है।

अतः विकल्प (D) सही है।

14. 'वाग्जाल' का संधि विच्छेद वाक् + जाल होगा।

इसमें व्यंजन संधि का प्रयोग हुआ है।

जब किसी व्यजंन के बाद स्वर, व्यंजन के आने से जो परिवर्तन होता है उसे व्यंजन सन्धि कहते है उदाहरण - वाक् + ईश = वागीश, व्यंजन संधि के नियम निम्न प्रकार है:

क का ग् में परिवर्तन होना - उदाहरण = दिक् + गज = दिग्गज

अतः विकल्प (A) सही है।

15. नायक और नायिका के मन में संस्कार रूप में स्थित रति या प्रेम जब रस की अवस्था को पहुँचकर आस्वादन के योग्य हो जाता है तो वह 'श्रृंगार रस' कहलाता है। इस रस को रसराज की संज्ञा दी जाती है।

अतः विकल्प (A) सही है।

16. श्रृंगार रस का स्थायी भाव 'रति' होता है।

जबकि करुण रस का स्थायी भाव 'शोक' तथा वीर रस का 'उत्साह' होता है।

अतः विकल्प (B) सही है।

17. विचित्र अथवा आश्चर्यजनक वस्तुओं को देखकर हृदय में जो विस्मय आदि के भाव उत्पन्न होते हैं। इन्ही भावों के विकसित रूप को 'अदभुत रस' कहा जाता है।

अतः विकल्प (C) सही है।

18. ह्स्व अथवा दीर्घ इ,उ,ऋ के बाद यदि कोई (इनसे भिन्न) स्वर आता है, तो इ अथवा ई के बदले य, उ अथवा ऊ के बदले व तथा ऋ के बदले र हो जाता है। इसे यण सन्धि कहते हैं।

उदाहरण - प्रति + एक = प्रत्येक, देवी + अर्थ = देव्यर्थ इत्यादि।
अत: विकल्प (B) सही है।

19. मनोविज्ञान में विसर्ग सन्धि है।

इसका सन्धि विच्छेद होगा - मन: + विज्ञान।
अत: विकल्प (B) सही है।

20. छन्दों को पढ़ते समय बीच-बीच में कुछ रूकना पड़ता है। इन्हीं विराम स्थलों को 'यति' कहते हैं। सामान्यत: छन्द के चार चरण होते है और प्रत्येक चरण के अन्त में 'यति' होती है।
अत: विकल्प (B) सही है।

21. विद्यार्थी = विद्या + अर्थी में दीर्घ संधि है।

ह्स्व या दीर्घ अ, इ, उ के बाद यदि ह्स्व या दीर्घ अ, इ, उ आ जाएँ तो दोनों मिलकर दीर्घ आ, ई और ऊ हो जाते हैं। जैसे - विद्या + अर्थी = विद्यार्थी, वधू + ऊर्जा = वधूर्जा।

अत: विकल्प (A) सही है।

22. रस का शाब्दिक अर्थ है 'आनन्द'। किसी काव्य को पढ़ने या सुनने से जिस आनंद की प्राप्ति होती है, वह रस कहलाता है।
अत: विकल्प (A) सही है।

23. "बुंदेले हरबोलों के मुँह हमने सुनी कहानी थी, खूब लड़ी मर्दानी वह तो झाँसी वाली रानी थी।" इन पंक्तियों में वीर रस का बोध होता है।

युद्ध अथवा किसी कार्य को करने के लिए ह्रदय में जो उत्साह का भाव जागृत होता है उसमें वीर रस कहते हैं।

अत: विकल्प (A) सही है।

24. "नहि पराग नहि मधुर मधु, नहि विकास इहि काल"

"अलि कली ही सौ बिंध्यो, आगे कौन हवाल"

दोहा छंद यहाँ उचित विकल्प है, अन्य सभी विकल्प असंगत है। उक्त पंक्ति में दोहा छंद का प्रयोग किया गया है।

दोहा छंद में चार चरण होते हैं, जिसमे प्रथम और तृतीय चरण में 13 -13 मात्राएँ होती है, तथा दूसरे और चतुर्थ चरण में 11-11 मात्राएँ होती है।

अत: विकल्प (D) सही है।

25. 'जल्दी नीलगगन पर आओ। जग को मोहक छवि दिखलाओ।।' यह चौपाई छंद का उदाहरण है।

चौपाई: चौपाई में चार चरण होते हैं, प्रत्येक चरण में 16 मात्राएँ होती हैं। चरण के अन्त में जगण (IIS) अथवा तगण (SII) नहीं होना चाहिए, अन्तिम दो वर्ण गुरु-लघु (SI) भी नहीं होने चाहिए।

उदाहरण:

- बिनु पग चले सुने बिनु काना, कर बिनु कर्म करे विधि नाना।
- तनु बिनु परस नयन बिनु देखा, गहे घ्राण बिनु वास असेखा।
अत: विकल्प (C) सही है।

26. 'जो रहीम उत्तम प्रकृति, का करी सकत कुसंग। चन्दन विष व्याप्त नहीं, लिपटे रहत भुजंग।'

उपर्युक्त पंक्ति दोहा छंद का उदाहरण है।

दोहा छंद है तथा साहित्यिक मधुर ब्रजभाषा का प्रयोग हुआ है। दृष्टान्त अलंकार व अनुप्रास अलंकार है। मनुष्य का स्वभाव यदि श्रेष्ठ है तो उस पर बुरे लोगों का साथ कोई प्रभाव नहीं डालता। कवि बताना चाहता है कि कमजोर चरित्र के व्यक्ति ही दूसरों से प्रभावित होते हैं। दूसरे दोहे में कुपुत्र के आचरण का वर्णन है जिसके कारण परिवार को दूसरों के सामने लज्जित होना पड़ता है। कवि ने इसकी तुलना दीपक के जलने और बुझने से की है।

अत: विकल्प (B) सही है।

27. मूक होय वाचाल, पंगु चढ़इ गिरिवर गहन। जासु कृपा सो दयाल ,द्रवउ सकल कलमल दहन' काव्य पंक्तियाँ 'सोरठा' छंद का उदाहरण हैं।

सोरठा, दोहा का उल्टा होता है।

सोरठा: सोरठा मात्रिक छंद है और यह दोहा का ठीक उलटा होता है। इसके विषम चरणों चरण में 11-11 मात्राएँ और सम चरणों (द्वितीय तथा चतुर्थ) चरण में 13-13 मात्राएँ होती हैं। विषम चरणों के अंत में एक गुरु और एक लघु मात्रा का होना आवश्यक होता है।

उदाहरण:

- जो सुमिरत सिधि होय, गननायक करिबर बदन।
- करहु अनुग्रह सोय, बुद्धि रासि सुभ गुन सदन।
अत: विकल्प (B) सही है।

28. चौपाई छंद मात्रिक सम छंद है। जिसके प्रत्येक चरण में 16-16 मात्राएं होती है। प्रत्येक चरण के अंत में यति होती है।

अत: विकल्प (C) सही है।

29. "उठो-उठो हे वीर, आज तुम निद्रा त्यागो

करो महासंग्राम, नहीं कायर हो भागो"

उपर्युक्त पंक्ति में रोला छंद है। अन्य विकल्प असंगत है।

अत: विकल्प (B) सही है।

30. दोहा और सोरठा 'अर्द्धसममात्रिक' छंद हैं। 'अर्द्धसम छंद' अर्थित जिसके पहले और तीसरे तथा दूसरे और चौथे चरणों की मात्राओं या वर्णों में परस्पर समानता होती है, जैसे – दोहा और सोरठा। शेष विकल्प असंगत हैं। इसलिए, सही विकल्प 'अर्द्धसममात्रिक' है।

अत: विकल्प (C) सही है।

Ques (1-14):निर्देश: सही शब्द का चयन करते हुए रिक्त स्थान की पूर्ति कीजिए।

Q.1 हम अपने पिताजी की _______ का पालन करते हैं।

A. इज्जत   B. आज्ञा   C. सत्कार   D. सेवा

Q.2 भाषा ज्ञान से बच्चे दूसरों की बात समझने और अपनी बात कहने में_________ होते हैं।

A. समर्थ   B. असमर्थ   C. उदण्ड   D. अनमने

Q.3 हिमालय पर्वत भारत के _____ में स्थित है।

A. पूर्व   B. उत्तर   C. दक्षिण   D. पश्चिम

Q.4 नेता ने बहुत ही बढ़िया ______ दिया।

A. वाद-विवाद   B. प्रवचन   C. आख्यान   D. भाषण

Q.5 राम ने रावण से ______ किया।

A. ईर्ष्या   B. समझौता   C. भेदभाव   D. युद्ध

Q.6 चोर के पीछे पुलिस भागी _____ उसे पकड़ नहीं पाई।

[SSC Constable (GD), 2019]

A. परंतु   B. या   C. अभी   D. अन्यथा

Q.7 जो दूसरों के लिए _____ खोदता है, वह स्वयं उसी में गिरता है।

A. नाली   B. नहर   C. कुआँ   D. तालाब

Q.8 उसने _____ से पत्र लिखा।

[SSC Constable (GD), 2019]

A. मोबाइल   B. किताब   C. कलम   D. कागज

Q.9 योद्धा ने बहादुरी के साथ ______ की।

A. लड़ाई   B. लिखाई   C. पढ़ाई   D. रुलाई

Q.10 साहिल को पाँच _____ दूध चाहिए।

A. लीटर   B. मीटर   C. किलो   D. दर्जन

Q.11 _____ खाने के बाद ही लोगों की आँखें खुलती हैं।

A. खाना   B. गोली   C. ठोकर   D. दिमाग

Q.12 बोलने के पहले _____ करो ।

A. सोया   B. खाया   C. सोचा   D. पिया

Q.13 मेरा समय __ वहाँ पहुँचाना बहुत जरुरी है।

[Sainik School Entrance Class VI, 2018]

A. के   B. से   C. में   D. द्वारा

Q.14 क्या तुमने______ अकेले ट्रेन की यात्रा की है?

A. सभी   B. कभी   C. नहीं   D. क्योंकि

Ques (15-30):निर्देश: सही शब्द का चयन करते हुए रिक्त स्थान की पूर्ति कीजिए।

Q.15 भक्त ईश्वर पर श्रद्धा _____ है।

A. करता   B. रखता   C. देखता   D. मिलता

Q.16 संक्षिप्तता एवं _____ को बनाए रखना भी अत्यन्त आवश्यक होता है।

A. प्रवाहात्मकता   B. प्रभावात्मकता
C. सत्यात्मकता   D. गत्यात्मकता

Q.17 ध्वनि के मेल से होने वाले विकार को ____ कहते हैं।

A. वर्ण   B. शब्द   C. संधि   D. वाक्य

Q.18 ईश्वर के यहाँ कुछ लोग दूसरों की _____ में जल्दी पहुँचते हैं।

A. घृणा   B. तुलना   C. नफरत   D. इंतजार

Q.19 उसके बात करने का तरीका मुझे अत्यन्त _____ करता है।

A. प्रभावित   B. अनुशासित
C. सन्तुलित   D. प्रचारित

Q.20 उसकी बात का उत्तर कोई न दे सका, सब ____ हो गए।

A. शर्मिंदा   B. निरुत्तर   C. निरंतर   D. निरादर

Q.21 तेज गर्मी में चलने के कारण वह ____ हो गया।

A. अचेतन   B. निर्जीव   C. मृत   D. चेतन

Q.22 तारे ________ हैं।

A. डमगाते   B. खड़खड़ाते
C. पटपटाते   D. जगमगाते

Q.23 मजबूत इमारतों के लिए मजबूत _____ की जरुरत होती है ।

A. बुनियाद   B. कारीगर   C. ईंट   D. जड़

Q.24 सूरदास के काव्य में भक्ति, जीवन-दर्शन एवं कवित्व की ________ बहती है।

A. श्रेष्ठ   B. दुर्गन्ध
C. धारा   D. इनमें से कोई नहीं

Q.25 ऐसे तड़पूँ कि जैसे जल बिन______।

A. मछली   B. मगरमच्छ   C. साँप   D. मेंढक

Q.26 दिशाहीनता गंतव्य स्थान तक पहुंचने में _________ होती है।

A. साधक   B. घातक
C. बाधक   D. इनमें से कोई नहीं

Q.27 आपसे सादर ______ है कि आप हमारे समारोह में मुख्य अतिथि के रुप में पद पधारें।

A. अनुग्रह   B. कामना   C. अनुरोध   D. आरक्षण

Q.28 गुरूजी की वाणी से असंख्य ________ खिल उठे एवं निर्जीव जनता को जीने का नवीन उत्साह मिला।

A. रचनाएं   B. हृदय-पुष्प
C. कांटे   D. इनमें से कोई नहीं

Q.29 मंत्री जी आगन्तुकों की समस्याओं को ध्यानपूर्वक सुना और भली प्रकार से उनका ________ किया।

A. समर्थन   B. अन्वेषण   C. समाधान   D. विश्लेषण

Q.30 भगत सिंह वीरता की मूर्ति थे, और ________ उनके अंग-अंग से झलकती थी।

A. स्फूर्ति   B. हँसी   C. वेदना   D. कल्पना

// स्मार्ट उत्तर पुस्तिका //

सही उत्तर — उन छात्रों का प्रतिशत जिन्होंने प्रश्नों का सही उत्तर दिया था।   **छोड़ दिया** — उन छात्रों का प्रतिशत जिन्होंने प्रश्नों को छोड़ दिया था।

प्रश्न संख्या	उत्तर	सही उत्तर / छोड़ दिया	प्रश्न संख्या	उत्तर	सही उत्तर / छोड़ दिया	प्रश्न संख्या	उत्तर	सही उत्तर / छोड़ दिया	प्रश्न संख्या	उत्तर	सही उत्तर / छोड़ दिया	प्रश्न संख्या	उत्तर	सही उत्तर / छोड़ दिया	प्रश्न संख्या	उत्तर	सही उत्तर / छोड़ दिया
1	B	82.45 % / 11.07 %	6	A	86.13 % / 12.83 %	11	C	79.65 % / 13.0 %	16	A	88.34 % / 10.48 %	21	A	84.36 % / 13.95 %	26	C	82.0 % / 10.3 %
2	A	88.52 % / 10.25 %	7	C	80.3 % / 17.88 %	12	C	88.88 % / 10.77 %	17	C	82.82 % / 11.01 %	22	D	78.8 % / 17.2 %	27	C	82.27 % / 10.06 %
3	B	84.13 % / 14.21 %	8	C	81.69 % / 14.83 %	13	B	81.22 % / 14.46 %	18	B	76.46 % / 15.84 %	23	A	79.18 % / 18.32 %	28	B	85.4 % / 12.9 %
4	D	80.64 % / 19.01 %	9	A	85.91 % / 12.38 %	14	B	76.61 % / 12.0 %	19	A	86.92 % / 12.79 %	24	C	76.87 % / 15.94 %	29	C	88.91 % / 10.49 %
5	D	78.54 % / 12.01 %	10	A	83.41 % / 10.03 %	15	B	86.39 % / 13.21 %	20	B	79.57 % / 11.29 %	25	A	81.04 % / 10.15 %	30	A	79.7 % / 15.91 %

//संकेत और समाधान//

1. हम अपने पिताजी की **आज्ञा** का पालन करते हैं।

इज्जत - हमें बड़ों की इज्जत करनी चाहिए।

सत्कार - अतिथि का सत्कार कीजिए।

सेवा- पिताजी की सेवा करनी चाहिए।

अतः विकल्प (B) सही है।

2. भाषा ज्ञान से बच्चे दूसरों की बात समझने और अपनी बात कहने में **समर्थ** होते हैं।

समर्थ: किसी के किए हुए काम या सामने रखे हुए सुझाव को ठीक मानकर अपनी दी हुई स्वीकृति।

पूर्ण वाक्य: भाषा ज्ञान से बच्चे दूसरों की बात समझने और अपनी बात कहने में समर्थ होते हैं।

अन्य विकल्प असंगत है।

अतः विकल्प (A) सही है।

3. हिमालय पर्वत भारत के **उत्तर** में स्थित है।

हिमालय भारत में स्थित एक प्राचीन पर्वत श्रृंखला है | हिमालय को पर्वतराज भी कहते हैं जिसका अर्थ है पर्वतों का राजा हिमालय पर्वत 7 देशों की सीमाओं में फैला हैं। ये देश हैं- पाकिस्तान,अफगानिस्तान , भारत, नेपाल, भूटान, चीन और म्यांमार।

अतः विकल्प (B) सही है।

4. नेता ने बहुत ही बढ़िया **भाषण** दिया।

अन्य विकल्प असंगत है।

अतः विकल्प (D) सही है।

5. राम ने रावण से **युद्ध** किया।

अन्य विकल्प असंगत है।

अतः विकल्प (D) सही है।

6. चोर के पीछे पुलिस भागी **परंतु** उसे पकड़ नहीं पाई।

अन्य विकल्प असंगत है।

अतः विकल्प (A) सही है।

7. जो दूसरों के लिए **कुआँ** खोदता है, वह स्वयं उसी में गिरता है।

अन्य विकल्प असंगत है।

अतः विकल्प (C) सही है।

8. उसने **कलम** से पत्र लिखा।

अन्य विकल्प असंगत है।

अतः विकल्प (C) सही है।

9. योद्धा ने बहादुरी के साथ **लड़ाई** की।

अन्य विकल्प असंगत है।

अतः विकल्प (A) सही है।

10. साहिल को पाँच **लीटर** दूध चाहिए।

अन्य विकल्प असंगत है।

अतः विकल्प (A) सही है।

11. **ठोकर** खाने के बाद ही लोगों की आँखें खुलती हैं।

अन्य विकल्प असंगत है।

अतः विकल्प (C) सही है।

12. बोलने के पहले **सोचा** करो ।

अन्य विकल्प असंगत है।

अतः विकल्प (C) सही है।

13. मेरा समय **से** वहां पहुँचाना बहुत जरुरी है।

अन्य विकल्प असंगत है।

अतः विकल्प (B) सही है।

14. क्या तुमने **कभी** अकेले ट्रेन की यात्रा की है?

अन्य विकल्प असंगत है।

अतः विकल्प (B) सही है।

15. भक्त ईश्वर पर श्रद्धा **रखता** है।

अन्य विकल्प असंगत है।

अतः विकल्प (B) सही है।

16. संक्षिप्तता एवं **प्रवाहात्मकता** को बनाए रखना भी अत्यन्त आवश्यक होता है |

अन्य विकल्प असंगत है।

अतः विकल्प (A) सही है।

17. ध्वनि के मेल से होने वाले विकार को **संधि** कहते हैं।

अन्य विकल्प असंगत है।

अतः विकल्प (C) सही है।

18. ईश्वर के यहाँ कुछ लोग दूसरों की **तुलना** में जल्दी पहुँचते हैं |

अन्य विकल्प असंगत है।

अतः विकल्प (B) सही है।

19. उसके बात करने का तरीका मुझे अत्यन्त **प्रभावित** करता है।

अन्य विकल्प असंगत है।

अतः विकल्प (A) सही है।

20. उसकी बात का उत्तर कोई न दे सका, सब **निरुत्तर** हो गए।

अन्य विकल्प असंगत है।

अतः विकल्प (B) सही है।

21. तेज गर्मी में चलने के कारण वह **अचेतन** हो गया।

अन्य विकल्प असंगत है।

अतः विकल्प (A) सही है।

22. तारे **जगमगाते** हैं।

अन्य विकल्प असंगत है।

अतः विकल्प (D) सही है।

23. मजबूत इमारतों के लिए मजबूत **बुनियाद** की जरुरत होती है ।

अन्य विकल्प असंगत है।

अतः विकल्प (A) सही है।

24. सूरदास के काव्य में भक्ति, जीवन-दर्शन एवं कवित्व की **धारा** बहती है।

अन्य विकल्प असंगत है।

अतः विकल्प (C) सही है।

25. ऐसे तड़पूँ कि जैसे जल बिन **मछली**।

अन्य विकल्प असंगत है।

अतः विकल्प (A) सही है।

26. दिशाहीनता गंतव्य स्थान तक पहुंचने में **बाधक** होती है।

अन्य विकल्प असंगत है।

अतः विकल्प (C) सही है।

27. आपसे सादर **अनुरोध** है कि आप हमारे समारोह में मुख्य अतिथि के रुप में पद पधारें।

अन्य विकल्प असंगत है।

अतः विकल्प (C) सही है।

28. गुरूजी की वाणी से असंख्य **हृदय-पुष्प** खिल उठे एवं निर्जीव जनता को जीने का नवीन उत्साह मिला।

अन्य विकल्प असंगत है।

अतः विकल्प (B) सही है।

29. मंत्री जी आगन्तुकों की समस्याओं को ध्यानपूर्वक सुना और भली प्रकार से उनका **समाधान** किया।

अन्य विकल्प असंगत है।

अतः विकल्प (C) सही है।

30. भगत सिंह वीरता की मूर्ति थे, और **स्फूर्ति** उनके अंग- अंग से झलकती थी।

अन्य विकल्प असंगत है।

अतः विकल्प (A) सही है।

[MP Sub Inspector (MPSI), 2017]

Q.1 'अंक' का अनेकार्थी शब्द होगा-
A. विष्णु B. कामदेव
C. संख्या D. चौसर के पासे

Q.2 मूर्धन्य का अनेकार्थी शब्द है -
A. हाथ B. श्रेष्ठ C. जड़ D. कीमत

Q.3 'पतंग' शब्द किसका अनेकार्थी नहीं है -
A. सूर्य B. पक्षी C. कनकौआ D. वादक

Q.4 कौन सा शब्द "रस" का अनेकार्थी नहीं है?
A. सार B. सुख C. अमृत D. धर्म

Q.5 निम्नलिखित में से कौन-सा शब्द कटक का अनेकार्थी नहीं है?
A. सेना B. शिशिर C. समूह D. आब

Q.6 निम्नलिखित अनेकार्थी शब्द का दूसरा अर्थ बताइए।
"अज-अजन्मा"

[UPSSSC Rajasva Lekhpal, 2015]

A. आजन्म B. निर्भीक C. आजीवन D. ईश्वर

Q.7 निम्नलिखित प्रश्न में, चार विकल्प दिए गए हैं जिनमें से एक शब्द दिए गए अनेकार्थी शब्द का एक अर्थ है। उस शब्द का चयन करें।
शंख
A. राग B. जलज C. बादल D. गुण

Q.8 'द्विज' के अनेकार्थी शब्दों में से निम्नलिखित में से कौन सा एक शब्द नहीं आता?
A. ब्राह्मण B. पक्षी C. दाँत D. विदेह

Q.9 कौन सा शब्द 'अर्क' का अनेकार्थी है?
A. नोंक B. काजल C. आकाश D. सूर्य

Q.10 कौन सा शब्द "हंस" का अनेकार्थी नहीं है?
A. प्राण B. पक्षी C. सूर्य D. रंग

Q.11 सैंधव का आशय निम्न में से कौन नहीं है-
A. नमक B. सोना C. घोड़ा D. समुद्र

Q.12 निम्नलिखित में से कौन सा शब्द 'पानी' का अनेकार्थी है?
A. जंगल B. वन C. आरण्य D. कानन

Q.13 निम्नलिखित में से कौन सा शब्द "हरि" का अनेकार्थी नहीं है?
A. मेढ़क B. घोड़ा C. सर्प D. कामदेव

Q.14 "जया" का अनेकार्थी शब्द नहीं है?
A. दुर्गा B. ध्वजा C. वस्त्र D. पार्वती

Q.15 इसमें से कौन सा शब्द मधु का अनेकार्थी शब्द नहीं है –
A. मदिरा B. एक दैत्य C. वसंत D. नशा

Q.16 "कौशिक" का अनेकार्थी शब्द नहीं है?
A. सँपेरा B. विश्वामित्र C. नेवला D. शिव

Q.17 "छादन" का अनेकार्थी शब्द नहीं है?
A. आच्छादन B. ढक्कन C. वस्त्र D. अपरस

Q.18 'टीका' का अर्थ है:

A. तिलक, निंदा, व्याख्या
B. तिलक, आभूषण, व्याख्या
C. तिलक, आभूषण, ठहरना
D. तिलक, टिका, व्याख्या

Q.19 "जर" का अनेकार्थी शब्द नहीं है?
A. जरा B. जल C. जमीन D. जड़

Q.20 "कंदल" का अनेकार्थी शब्द नहीं है?
A. कोयल B. कलह C. सोना D. कमल

Q.21 निर्देश: निम्नलिखित प्रश्न में, चार विकल्प दिए गए हैं जिनमें से एक शब्द दिए गए अनेकार्थी शब्द का एक अर्थ है। उस शब्द का चयन करें।
सारंग
A. विधि B. इंद्र C. कान D. बादल

Q.22 "कंज" का अनेकार्थी शब्द नहीं है?
A. अमृत B. गोद C. केश D. कमल

Q.23 कौन 'जीवन' का सही अनेकार्थी शब्द नहीं है?
A. जल B. प्राण C. ज्योति D. वायु

Q.24 निम्नलिखित शब्दों में कौन सा 'वर' का अनेकार्थी नहीं है?
A. श्रेष्ठ B. वरदान C. पति D. सुवर्ण

Q.25 निर्देश: निम्नलिखित अनेकार्थी शब्द का दूसरा अर्थ नहीं है-
अमृत
A. अमर B. अनमोल C. दूध D. जल

Ques (26-28): निम्न प्रश्न में अनेकार्थी शब्द दिए गए हैं। एक अर्थ शब्द के साथ ही लिखा है, दूसरा अर्थ बताइए :

Q.26 सारंग : मोर
A. विधि B. इंद्र C. कान D. बादल

Q.27 द्वार : अंश
A. नाग B. जत्था C. द्वंद्व D. साधन

Q.28 धार : प्रवाह
A. धवल B. अग्नि C. झरना D. पतंग

Q.29 निम्नलिखित में से कौन सा शब्द 'कर्कश' का भी अर्थ देता है?
A. जंगल B. वन C. आरण्य D. कठिन

Q.30 इनमें से कौन-सा शब्द अर्थ की दृष्टि से 'अलि' से संबद्ध नहीं है?
A. भौंरा B. सहेली C. शराब D. अमृत

// स्मार्ट उत्तर पुस्तिका //

सही उत्तर	उन छात्रों का प्रतिशत जिन्होंने प्रश्नों का सही उत्तर दिया था।		छोड़ दिया	उन छात्रों का प्रतिशत जिन्होंने प्रश्नों को छोड़ दिया था।

प्रश्न संख्या	उत्तर	सही उत्तर / छोड़ दिया	प्रश्न संख्या	उत्तर	सही उत्तर / छोड़ दिया	प्रश्न संख्या	उत्तर	सही उत्तर / छोड़ दिया	प्रश्न संख्या	उत्तर	सही उत्तर / छोड़ दिया	प्रश्न संख्या	उत्तर	सही उत्तर / छोड़ दिया	प्रश्न संख्या	उत्तर	सही उत्तर / छोड़ दिया
1	C	85.59 % / 12.38 %	6	D	76.07 % / 12.01 %	11	B	81.03 % / 13.57 %	16	D	80.05 % / 16.1 %	21	D	80.8 % / 13.38 %	26	D	78.62 % / 17.02 %
2	B	84.77 % / 11.9 %	7	B	83.68 % / 14.98 %	12	B	89.5 % / 10.29 %	17	C	80.92 % / 12.08 %	22	B	89.39 % / 10.58 %	27	D	78.8 % / 10.9 %
3	D	88.86 % / 10.27 %	8	D	87.58 % / 12.23 %	13	D	80.8 % / 17.86 %	18	B	81.36 % / 17.6 %	23	C	78.17 % / 18.86 %	28	C	81.25 % / 10.57 %
4	D	77.84 % / 16.04 %	9	D	80.79 % / 16.96 %	14	C	85.3 % / 13.59 %	19	C	88.26 % / 10.11 %	24	D	82.99 % / 12.33 %	29	D	86.67 % / 10.63 %
5	D	89.95 % / 10.02 %	10	D	85.33 % / 13.01 %	15	D	80.45 % / 13.61 %	20	D	85.82 % / 12.85 %	25	B	76.76 % / 11.93 %	30	D	85.22 % / 13.78 %

//संकेत और समाधान//

1. ऐसे शब्द, जिनके अनेक अर्थ होते है, अनेकार्थी शब्द कहलाते है। दूसरे शब्दों में- जिन शब्दों के एक से अधिक अर्थ होते हैं, उन्हें 'अनेकार्थी शब्द' कहते है।

अंक का अनेकार्थक है - भाग्य, गिनती के अंक, नाटक के अंक, चिन्ह संख्या, गोद।
अतः विकल्प (C) सही है।

2. ऐसे शब्द, जिनके अनेक अर्थ होते है, अनेकार्थी शब्द कहलाते है। दूसरे शब्दों में- जिन शब्दों के एक से अधिक अर्थ होते हैं, उन्हें 'अनेकार्थी शब्द' कहते है।

मूर्धन्य का अर्थ सिर पर रखने योग्य, श्रेष्ठ, सिर, मस्तक, माथा, शिखर, चोटी है।

अतः विकल्प (B) सही है।

3. ऐसे शब्द, जिनके अनेक अर्थ होते है, अनेकार्थी शब्द कहलाते है। दूसरे शब्दों में- जिन शब्दों के एक से अधिक अर्थ होते हैं, उन्हें 'अनेकार्थी शब्द' कहते है।

वह जो बाजा बजाता हो वादक है। पतंग प्रयुक्त होता है - सूर्य, पक्षी और कनकौआ में।
अतः विकल्प (D) सही है।

4. ऐसे शब्द, जिनके अनेक अर्थ होते है, अनेकार्थी शब्द कहलाते है। दूसरे शब्दों में- जिन शब्दों के एक से अधिक अर्थ होते हैं, उन्हें 'अनेकार्थी शब्द' कहते है।

रस का अर्थ- स्वाद, जलीय अंश।

रस के अनेकार्थी- सुख, स्वाद, जल, अमृत, सार।

धर्म, रस का अनेकार्थी नहीं है।

अतः विकल्प (D) सही है।

5. ऐसे शब्द, जिनके अनेक अर्थ होते है, अनेकार्थी शब्द कहलाते है। दूसरे शब्दों में- जिन शब्दों के एक से अधिक अर्थ होते हैं, उन्हें 'अनेकार्थी शब्द' कहते है।

'कटक' शब्द का संबंध सेना, शिशिर, समूह आदि से है।

'आब' से इसका कोई संबंध नहीं। आब के अनेकार्थी पानी, चमक, छवि, शोभा आदि।

अनेकार्थी शब्द: जिन शब्दों के एक से अधिक अर्थ होते हैं, उन्हें 'अनेकार्थी शब्द' कहते हैं।

उदाहरण: काक-कौआ

अतः विकल्प (D) सही है।

6. ऐसे शब्द, जिनके अनेक अर्थ होते है, अनेकार्थी शब्द कहलाते है। दूसरे शब्दों में- जिन शब्दों के एक से अधिक अर्थ होते हैं, उन्हें 'अनेकार्थी शब्द' कहते है।

अज-अजन्मा का अर्थ होता है 'जिसका कभी जन्म और मृत्यु न हो' अर्थात् ईश्वर का न तो जन्म होता है और न ही मृत्यु।

अतः विकल्प (D) सही है।

7. ऐसे शब्द, जिनके अनेक अर्थ होते है, अनेकार्थी शब्द कहलाते है। दूसरे शब्दों में- जिन शब्दों के एक से अधिक अर्थ होते हैं, उन्हें 'अनेकार्थी शब्द' कहते है।

उपरोक्त विकल्पों में से 'जलज' शब्द 'शंख' का अनेकार्थी शब्द है।

इसके अन्य अनेकार्थी शब्द हैं – कमल, मोती, मछली, चंद्रमा आदि।

8. ऐसे शब्द, जिनके अनेक अर्थ होते है, अनेकार्थी शब्द कहलाते है। दूसरे शब्दों में- जिन शब्दों के एक से अधिक अर्थ होते हैं, उन्हें 'अनेकार्थी शब्द' कहते है।

विदेह शब्द द्विज का अनेकार्थ रूप नहीं है जबकि इसके अन्य रूप इस प्रकार हैं - ब्राह्मण, दाँत, अंडज, पक्षी, चन्द्रमा आदि।

अतः विकल्प (D) सही है।

9. ऐसे शब्द, जिनके अनेक अर्थ होते है, अनेकार्थी शब्द कहलाते है। दूसरे शब्दों में- जिन शब्दों के एक से अधिक अर्थ होते हैं, उन्हें 'अनेकार्थी शब्द' कहते है।

अर्क का अनेकार्थी है- इन्द्र, सूर्य, रस, अकबन।

अतः विकल्प (D) सही है।

10. ऐसे शब्द, जिनके अनेक अर्थ होते है, अनेकार्थी शब्द कहलाते है। दूसरे शब्दों में- जिन शब्दों के एक से अधिक अर्थ होते हैं, उन्हें 'अनेकार्थी शब्द' कहते है।

हंस का अर्थ- बत्तख के आकार का एक सफ़ेद जल पक्षी।

हंस के अनेकार्थी- प्राण, सूर्य, आत्मा, पक्षी।

रंग, हंस का अनेकार्थी नहीं है।

अतः विकल्प (D) सही है।

11. ऐसे शब्द, जिनके अनेक अर्थ होते है, अनेकार्थी शब्द कहलाते है। दूसरे शब्दों में- जिन शब्दों के एक से अधिक अर्थ होते हैं, उन्हें 'अनेकार्थी शब्द' कहते है।

सैन्धव का आशय नमक, सिन्धु देश का घोड़ा एवं समुद्र से है जबकि सोना का इससे कोई सम्बन्ध नहीं।

अतः विकल्प (B) सही है।

12. ऐसे शब्द, जिनके अनेक अर्थ होते है, अनेकार्थी शब्द कहलाते है। दूसरे शब्दों में- जिन शब्दों के एक से अधिक अर्थ होते हैं, उन्हें 'अनेकार्थी शब्द' कहते है।

दिए गए विकल्पों में 'वन' 'पानी' का भी अर्थ देता है। शेष शब्द जंगल को व्यक्त करते हैं।

अतः विकल्प (B) सही है।

13. ऐसे शब्द, जिनके अनेक अर्थ होते है, अनेकार्थी शब्द कहलाते है। दूसरे शब्दों में- जिन शब्दों के एक से अधिक अर्थ होते हैं, उन्हें 'अनेकार्थी शब्द' कहते है।

'"कामदेव" शब्द "हरि" की जगह प्रयुक्त नहीं किया जा सकता।

'हरि' के अनेकार्थक शब्द हैं - हाथी, विष्णु, पहाड़, सिंह, इन्द्र, घोड़ा, सर्प, बन्दर, वानर, मेढ़क, यमराज, शिव, कृष्ण, किरण, कोयल, हंस।

अतः विकल्प (D) सही है।

14. ऐसे शब्द, जिनके अनेक अर्थ होते है, अनेकार्थी शब्द कहलाते है। दूसरे शब्दों में- जिन शब्दों के एक से अधिक अर्थ होते हैं, उन्हें 'अनेकार्थी शब्द' कहते है।

"जया" का अनेकार्थी पार्वती, दुर्गा, हरी दूब, पताका, त्रयोदशी, ध्वजा, हरड़ है।

अतः विकल्प (C) सही है।

15. ऐसे शब्द, जिनके अनेक अर्थ होते है, अनेकार्थी शब्द कहलाते है। दूसरे शब्दों में- जिन शब्दों के एक से अधिक अर्थ होते हैं, उन्हें 'अनेकार्थी शब्द' कहते है।

जिन शब्दों के एक से अधिक अर्थ होते हैं, उन्हें 'अनेकार्थी शब्द' कहते है।

अनेकार्थी का अर्थ है – एक से अधिक अर्थ देने वाला।

मधु के अनेकार्थी शब्द के उदाहरण जैसे- शराब, शहद, बसंत, दूध, मीठा मदिरा, चैत मास और एक दैत्य आदि हैं। ऊपर दिए गए विकल्पों में "नशा" मधु का अनेकार्थी शब्द नहीं है।

अतः विकल्प (D) सही है।

16. ऐसे शब्द, जिनके अनेक अर्थ होते है, अनेकार्थी शब्द कहलाते है। दूसरे शब्दों में- जिन शब्दों के एक से अधिक अर्थ होते हैं, उन्हें 'अनेकार्थी शब्द' कहते है।

कौशिक के एक से अधिक अर्थ – विश्वामित्र, नेवला, उल्लू, सँपेरा, इन्द्र। शिव का अर्थ भोलेनाथ होता है।
अतः विकल्प (D) सही है।

17. ऐसे शब्द, जिनके अनेक अर्थ होते है, अनेकार्थी शब्द कहलाते है। दूसरे शब्दों में- जिन शब्दों के एक से अधिक अर्थ होते हैं, उन्हें 'अनेकार्थी शब्द' कहते है।

छादन:

- ढकने की वस्तु, ढकना
- वह वस्तु जिसको ऊपर डालने या रखने से कोई चीज़ दिखाई न पड़े
- किसी व्यक्ति को चिढ़ाने, तुच्छ या मूर्ख सिद्ध करने के लिए कहा जाने वाला शब्द।

अतः विकल्प (C) सही है।

18. ऐसे शब्द, जिनके अनेक अर्थ होते है, अनेकार्थी शब्द कहलाते है। दूसरे शब्दों में- जिन शब्दों के एक से अधिक अर्थ होते हैं, उन्हें 'अनेकार्थी शब्द' कहते है।

टीका का अर्थ - तिलक, आभूषण, व्याख्या है। अन्य विकल्प अनुचित उत्तर है।

तिलक का अर्थ - मस्तक पर बनाया हुआ विशेष आकार का चिह्न

आभूषण का अर्थ - गहने

व्याख्या - भावार्थ

अतः विकल्प (B) सही है।

19. ऐसे शब्द, जिनके अनेक अर्थ होते है, अनेकार्थी शब्द कहलाते है। दूसरे शब्दों में- जिन शब्दों के एक से अधिक अर्थ होते हैं, उन्हें 'अनेकार्थी शब्द' कहते है।

सौर जगत का वह ग्रह जिस पर हम लोग निवास करते हैं उसे जमीन कहते है। जर के अनेकार्थी शब्द है- जल, जरा, जड़।

अतः विकल्प (C) सही है।

20. ऐसे शब्द, जिनके अनेक अर्थ होते है, अनेकार्थी शब्द कहलाते है। दूसरे शब्दों में- जिन शब्दों के एक से अधिक अर्थ होते हैं, उन्हें 'अनेकार्थी शब्द' कहते है।

'कंदल' का अर्थ है- कलह, सोना, कोयल। कमल के समानार्थी शब्द है- कँवल, पंकज, नीरज, पंकजात, पंकजन्मा, पुष्कर।
अतः विकल्प (D) सही है।

21. ऐसे शब्द, जिनके अनेक अर्थ होते है, अनेकार्थी शब्द कहलाते है। दूसरे शब्दों में- जिन शब्दों के एक से अधिक अर्थ होते हैं, उन्हें 'अनेकार्थी शब्द' कहते है।

दिए गए विकल्पों में से 'सारंग' शब्द का अनेकार्थी शब्द 'बादल' होगा।

'सारंग' के अन्य अनेकार्थी शब्द हैं - साँप, हिरण, पपीहा, राजहंस, कामदेव, कमल।

अन्य विकल्प:

विधि - कानून, रीति, भाग्य।

इंद्र - हरी, सूर्य, विष्णु।

कान - श्रुति, वेद।

अतः विकल्प (D) सही है।

22. ऐसे शब्द, जिनके अनेक अर्थ होते है, अनेकार्थी शब्द कहलाते है। दूसरे शब्दों में- जिन शब्दों के एक से अधिक अर्थ होते हैं, उन्हें 'अनेकार्थी शब्द' कहते है।

"कंज" का अनेकार्थी अमृत, कमल, केश, ब्रह्मा है।

अतः विकल्प (B) सही है।

23. ऐसे शब्द, जिनके अनेक अर्थ होते है, अनेकार्थी शब्द कहलाते है। दूसरे शब्दों में- जिन शब्दों के एक से अधिक अर्थ होते हैं, उन्हें 'अनेकार्थी शब्द' कहते है।

जीवन के अनेकार्थी शब्द जल, प्राण, जीवित, वायु है।

अतः विकल्प (C) सही है।

24. ऐसे शब्द, जिनके अनेक अर्थ होते है, अनेकार्थी शब्द कहलाते है। दूसरे शब्दों में- जिन शब्दों के एक से अधिक अर्थ होते हैं, उन्हें 'अनेकार्थी शब्द' कहते है।

सुवर्ण 'वर' का अनेकार्थी नहीं है। वर शब्द के अन्य अर्थ उत्तम, श्रेष्ठ, पति, वरदान हैं।

अतः विकल्प (D) सही है।

25. ऐसे शब्द, जिनके अनेक अर्थ होते है, अनेकार्थी शब्द कहलाते है। दूसरे शब्दों में- जिन शब्दों के एक से अधिक अर्थ होते हैं, उन्हें 'अनेकार्थी शब्द' कहते है।

अमर', 'दूध' तथा 'जल', 'अमृत' के ही अनेक अर्थ हैं जबकि 'अनमोल' का अर्थ है 'जिसका कोई मोल न हो'।

अमृत का अनेकार्थी शब्द नहीं है। अतः सही विकल्प अनमोल है।

अतः विकल्प (B) सही है।

26. ऐसे शब्द, जिनके अनेक अर्थ होते है, अनेकार्थी शब्द कहलाते है। दूसरे शब्दों में- जिन शब्दों के एक से अधिक अर्थ होते हैं, उन्हें 'अनेकार्थी शब्द' कहते है।

दिए गए विकल्पों में से 'सारंग' शब्द का अनेकार्थी शब्द 'बादल' होगा।

'सारंग' के अन्य अनेकार्थी शब्द हैं - साँप, हिरण, पपीहा, राजहंस, कामदेव, कमल।

अतः विकल्प (D) सही है।

27. ऐसे शब्द, जिनके अनेक अर्थ होते है, अनेकार्थी शब्द कहलाते है। दूसरे शब्दों में- जिन शब्दों के एक से अधिक अर्थ होते हैं, उन्हें 'अनेकार्थी शब्द' कहते है।

दिए गए विकल्पों में से द्वार का अनेकार्थी शब्द 'साधन' है।

द्वार के अन्य अनेकार्थी शब्द हैं- दरवाजा, शरीर के छेद वाले अंग आदि।

अतः विकल्प (D) सही है।

28. ऐसे शब्द, जिनके अनेक अर्थ होते है, अनेकार्थी शब्द कहलाते है। दूसरे शब्दों में- जिन शब्दों के एक से अधिक अर्थ होते हैं, उन्हें 'अनेकार्थी शब्द' कहते है।

दिए गए विकल्पों में से धार का उचित अनेकार्थी शब्द 'झरना' है।

धार के अन्य अनेकार्थी शब्द हैं - पैना किनारा, तरफ, झुंड आदि।

अतः विकल्प (C) सही है।

29. ऐसे शब्द, जिनके अनेक अर्थ होते है, अनेकार्थी शब्द कहलाते है। दूसरे शब्दों में- जिन शब्दों के एक से अधिक अर्थ होते हैं, उन्हें 'अनेकार्थी शब्द' कहते है।

'कर्कश' का अर्थ - कठोर, कंकड़, कर्कश, तेज, एक आभूषण है, स्वर या ध्वनि जो बहुत ही अप्रिय, कटु तथा तीव्र हो।।

अतः विकल्प (D) सही है।

30. ऐसे शब्द, जिनके अनेक अर्थ होते है, अनेकार्थी शब्द कहलाते है। दूसरे शब्दों में- जिन शब्दों के एक से अधिक अर्थ होते हैं, उन्हें 'अनेकार्थी शब्द' कहते है।

'अलि' शब्द का संबंध भौंरा, सहेली, शराब आदि से है।

'अमृत' से इसका कोई संबंध नहीं। अमृत के अनेकार्थी - सोना, घी, सोमरस, जल, देवता, सूर्य, पारा आदि।

अतः विकल्प (D) सही है।

Q.1 'चरण-कमल बंदौ हरिराई' में कौन सा अलंकार है?

A. उत्प्रेक्षा   **B.** उपमा   **C.** यमक   **D.** रूपक

Q.2 "बढ़त-बढ़त सम्पत्ति सलिल मन-सरोज बढ़ जाए। घटत-घटत फिर ना घटै करु सामूल कुम्हिलाय।।", में कौन-सा अलंकार है?

A. यमक   **B.** विरोधाभास
C. श्लेष   **D.** रूपक

Q.3 'कुन्द इन्दु सन देह, उमा रमन वरुण अमन' में कौन-सा अलंकार है?

A. श्लेष   **B.** उपमा   **C.** अनुप्रास   **D.** रूपक

Q.4 जहाँ बिना कारण के कार्य का होना पाया जाए यहाँ कौन-सा अलंकार होता है?

A. विरोधाभास   **B.** विशेषोक्ति
C. विभावना   **D.** भ्रांतिमान

Q.5 "कनक कनक ते सौ गुनी, मादकता अधिकाय, वाखाय बौराय जग, या पाय बौराय।।" में कौनसा अलंकार है?

A. यमक अलंकार   **B.** संदेह अलंकार
C. श्लेष अलंकार   **D.** उपमा अलंकार

Q.6 मधुर मधुर मुस्कान मनोहर, मनुज वेश का उजियाला। इसमें किस अलंकार का प्रयोग हुआ है?

A. यमक अलंकार   **B.** उपमा अलंकार
C. श्लेष अलंकार   **D.** अनुप्रास अलंकार

Q.7 'सागर-सा गम्भीर हृदय हो'गिरी-सा ऊँचा हो जिसका मन।' – इस वाक्य में कौन-सा अलंकार है?

[UP Police Sub Inspector, 2017]

A. श्लेष   **B.** यमक   **C.** उपमा   **D.** उत्प्रेक्षा

Q.8 "रघुपति राघव राजा राम, पतित के पावन सीताराम" इस पंक्ति में कौन सा अलंकार है?

A. वक्रोति अलंकार   **B.** अनुप्रास अलंकार
C. श्लेष अलंकार   **D.** यमक अलंकार

Q.9 जहां पर उपमेय और उपमान में कोई अंतर न दिखाई दे वहाँ कौन-सा अलंकार होता है?

A. यमक अलंकार   **B.** उपमा अलंकार
C. उत्प्रेक्षा अलंकार   **D.** रूपक अलंकार

Q.10 'पीपर पात सरिस मन डोला', पंक्ति में अलंकार है:

A. उत्प्रेक्षा   **B.** उपमा
C. रूपक   **D.** अतिशयोक्ति

Q.11 निर्देश: निम्नलिखित में कौन-सा अलंकार है?

"रहिमन पानी राखिए, बिन पानी सब सून।
पानी गए न ऊबरे, मोती मानस चून।।"

[Allahabad High Court ARO, 2020]

A. श्लेष   **B.** रूपक   **C.** अनुप्रास   **D.** उत्प्रेक्षा

Q.12 जहाँ उपमान के न होने पर उपमेय को ही उपमान मान लिया जाए, वहाँ कौन-सा अलंकार होगा?

A. उत्प्रेक्षा अलंकार   **B.** यमक अलंकार
C. उपमा अलंकार   **D.** श्लेष अलंकार

Q.13 'अलंकार' शब्द का शाब्दिक अर्थ क्या है?

A. सजावट   **B.** गहना या आभूषण
C. प्रेम   **D.** सुंदरता

Q.14 "तीन बेर खाती थीं, वे तीन बेर खाती हैं" में उचित अलंकार का चयन कीजिये।

A. अनुप्रास   **B.** श्लेष   **C.** अन्योक्ति   **D.** यमक

Q.15 "भूप सहस दस एकहिं बारा। लगे उठावन टरत न टारा।।" में कौन-सा अलंकार है?

A. अतिशयोक्ति अलंकार   **B.** रूपक अलंकार
C. मानवीकरण अलंकार   **D.** प्रतीप अलंकार

Q.16 'वही मनुष्य है कि जो मनुष्य के लिए मरे' इस काव्य पंक्ति में कौन सा अलंकार है?

A. उपमा अलंकार   **B.** यमक अलंकार
C. अनुप्रास अलंकार   **D.** उत्प्रेक्षा अलंकार

Q.17 'तरनि तनूजा तट तमाल तरुवर बहु छाए' में कौन-सा अलंकार है?

A. यमक अलंकार   **B.** श्लेष अलंकार
C. उपमा अलंकार   **D.** अनुप्रास अलंकार

Q.18 जिसकी समानता किसी ने कभी पाई नहीं; पाई के नहीं हैं अब वे ही लाल माई के। में कौन-सा अलंकार है?

A. उत्प्रेक्षा अलंकार   **B.** यमक अलंकार
C. अनुप्रास अलंकार   **D.** उपमा अलंकार

Q.19 'उधौ जोग जोग हम नाहीं' इस पंक्ति में कौन सा अलंकार है?

A. उपमा अलंकार   **B.** उत्प्रेक्षा अलंकार
C. रूपक अलंकार   **D.** यमक अलंकार

Q.20 जहां एक ही वर्ण की आवृत्ति एक से अधिक बार हो वहाँ कौन सा अलंकार होता है?

A. यमक   **B.** रूपक   **C.** श्लेष   **D.** अनुप्रास

Q.21 जहाँ उपमेय में अनेक उपमानों के होने की आशंका होती है, वहाँ कौन सा अलंकार होता है?

A. यमक   **B.** श्लेष   **C.** रूपक   **D.** संदेह

Q.22 'रघुकुल रीति सदा चली आई, प्राण जाए पर वचन न जाए' में कौन-सा अलंकार है?

A. अनुप्रास अलंकार   **B.** उपमा अलंकार
C. यमक अलंकार   **D.** उत्प्रेक्षा अलंकार

Q.23 'नगन जड़ाती थी वे नगन जड़ाती है।' में कौन सा अलंकार है?

A. यमक   **B.** श्लेष   **C.** रूपक   **D.** उपमा

Q.24 'नीरज-सरिस नयन रघुवर के, लगहिं कमल कर द्वै हिमकर के।' में कौन-सा अलंकार है?

A. यमक अलंकार   **B.** रूपक अलंकार
C. उपमा अलंकार   **D.** उत्प्रेक्षा अलंकार

Q.25 "नहिं पराग नहिं मधुर, मधु नहिं विकास येहि काल। अली कली ही सों बध्यो, आगे कौन हवाल।।" इसमें कौन-सा अलंकार है?

A. रूपक   **B.** विशेषोक्ति
C. अन्योक्ति   **D.** अतिशयोक्ति

Q.26 'सिर फट गया उसका वहीं। मानो अरुण रंग का घड़ा हो' काव्य पंक्ति में कौन-सा अलंकार है?

A. उत्प्रेक्षा अलंकार

B. उपमा अलंकार

C. अनुप्रास अलंकार

D. अतिश्योक्ति अलंकार

Q.27 'वह दीपशिखा-सी शांत भाव में लीन' इस वाक्य में कौन-सा अलंकार है?

A. मालोपमा

B. उत्प्रेक्षा

C. सांगरूपक

D. रूपक

Q.28 "मुख बाल-रवि-सम लाल होकर ज्वाल-सा बोधित हुआ।" इसमें कौन-सा अलंकार है?

A. उपमा

B. उत्प्रेक्षा

C. उपमेयोपमा

D. रूपक

Q.29 "सोहत ओढ़े पीत पट, श्याम सलोने गात। मनहु नीलमणि शैल पर, आतप परयो प्रभात।।" इसमें कौन-सा अलंकार है?

A. यमक

B. उत्प्रेक्षा

C. रूपक

D. श्लेष

Q.30 'जहाँ उपमालंकार का सौन्दर्य अर्थ में निहित हो' में कौनसा अलंकार है?

A. शब्दालंकार

B. अर्थालंकार

C. उभयालंकार

D. रूपकअलंकार

// स्मार्ट उत्तर पुस्तिका //

सही उत्तर उन छात्रों का प्रतिशत जिन्होंने प्रश्नों का सही उत्तर दिया था।   **छोड़ दिया** उन छात्रों का प्रतिशत जिन्होंने प्रश्नों को छोड़ दिया था।

प्रश्न संख्या	उत्तर	सही उत्तर / छोड़ दिया	प्रश्न संख्या	उत्तर	सही उत्तर / छोड़ दिया	प्रश्न संख्या	उत्तर	सही उत्तर / छोड़ दिया	प्रश्न संख्या	उत्तर	सही उत्तर / छोड़ दिया	प्रश्न संख्या	उत्तर	सही उत्तर / छोड़ दिया	प्रश्न संख्या	उत्तर	सही उत्तर / छोड़ दिया
1	D	88.42 % / 10.37 %	6	D	83.36 % / 11.89 %	11	A	88.19 % / 10.63 %	16	B	77.36 % / 18.76 %	21	D	84.07 % / 11.9 %	26	A	86.96 % / 10.42 %
2	D	80.15 % / 14.98 %	7	C	84.98 % / 14.45 %	12	A	89.75 % / 10.01 %	17	D	76.96 % / 13.92 %	22	A	88.7 % / 10.18 %	27	A	88.55 % / 10.86 %
3	B	85.71 % / 12.82 %	8	B	85.82 % / 14.07 %	13	B	86.57 % / 11.06 %	18	B	80.86 % / 18.32 %	23	A	88.69 % / 10.98 %	28	A	84.38 % / 15.22 %
4	C	78.75 % / 13.12 %	9	D	86.17 % / 12.25 %	14	D	82.59 % / 12.53 %	19	D	87.51 % / 11.79 %	24	C	80.02 % / 10.45 %	29	B	88.09 % / 11.02 %
5	A	86.95 % / 12.15 %	10	B	89.16 % / 10.1 %	15	A	83.62 % / 16.05 %	20	D	81.61 % / 11.77 %	25	C	82.58 % / 11.69 %	30	B	88.6 % / 10.22 %

//संकेत और समाधान//

1. चरण-कमल बन्दौं हरिराई में रूपक अलंकार है।

- इस काव्य अंश में प्रभु के चरणों को कमल के समान सुंदर और मनोहर बताया गया है। प्रभु के चरणों पर उपमान कमल को आरोपित किया गया है। विभिन्नता न होने से उपमेय ने उपमान का रूप ले लिया है।
- दूसरे शब्दों में यह कह सकते है कि कवि यह कहना चाहते है कि प्रभु के चरण कमल का ध्यान करे जो अत्यंत सुखदाई है। यहाँ कमल और चरण में कोई भेद नहीं है इसलिए रुपक अलंकार है।

अतः विकल्प (D) सही है।

2. "बढ़त-बढ़त सम्पत्ति सलिल मन-सरोज बढ़ जाए। घटत-घटत फिर ना घटै करु सामूल कुम्हिलाय।।", में रूपक अलंकार है ।

इसका अर्थ है - धन-रूपी जल के बढ़ते जाने से मन-रूपी कमल भी बढ़ता जाता है। किन्तु (जल के) घटते जाने पर वह (कमल) पुनः नहीं घटता, भले ही जड़ से कुम्हिला जाय। (धनी का मन गरीब होने पर भी वैसा ही उदार रह जाता है।)उपमेय (संपत्ति एवं फन) को उपमान (सलिल एवं सरोज) के रूप में दिखाने के कारण रूपक अलंकार हुआ।

अतः विकल्प (D) सही है।

3. कुन्द इन्दु सन देह , उमा रमन वरुण अमन में उपमा अलंकार है क्योंकि यहाँ देह की तुलना इंदु से की गई है। उपमेय – जिसकी उपमा दी जाय। उपर्युक्त पंक्ति में देह उपमेय है।

अतः विकल्प (B) सही है।

4. जहां बिना कारण के कार्य का होना पाया जाए वहां विभावना अलंकार होता है। विभावना अलंकार की परिभाषा – विभावना शब्द का अर्थ है—(विशेष प्रकार की कल्पना) जहां बिना कारण के ही कार्य हो जाये वहां विभावना अलंकार होता है।

अतः विकल्प (C) सही है।

5. "कनक कनक ते सौ गुनी, मादकता अधिकाय, वाखाय बौराय जग, या पाय बौराय।।" में यमक अलंकार है।

- यहाँ कनक-कनक का अर्थ है:- सोना (स्वर्ण) और धतुरा
- यमक अलंकार- जहाँ एक ही शब्द जितनी बार आए उतने ही अलग-अलग अर्थ दे।
- जैसे - काली 'घटा' का घमंड 'घटा'।

अतः विकल्प (A) सही है।

6. मधुर मधुर मुस्कान मनोहर, मनुज वेश का उजियाला। इसमें अनुप्रास अलंकार' है।

- जहां किसी वर्ण की आवृत्ति एक से अधिक बार होती है वहाँ पर 'अनुप्रास अलंकार' होता है।
- यहाँ पर 'म' वर्ण की आवृत्ति हुई है। इसलिए अनुप्रास अलंकार है।

अतः विकल्प (D) सही है।

7. 'सागर-सा गम्भीर हृदय हो' गिरी-सा ऊँचा हो जिसका मन' प्रस्तुत पंक्ति में उपमा अलंकार है।

- प्रस्तुत पंक्ति में मन की तुलना समान धर्म के आधार पर गिरी से की गई है।
- समान धर्म के आधार पर जहां एक वस्तु की समानता या तुलना किसी दूसरी वस्तु से की जाती है, वहाँ उपमा अलंकार होता हैं।

अतः विकल्प (C) सही है।

8. "रघुपति राघव राजा राम, पतित के पावन सीताराम" में अनुप्रास अलंकार होता है। यहाँ पर 'र ' वर्ण की आवृत्ति चार बार एवं 'प' वर्ण की आवृत्ति एक से अधिक बार हुआ है।

अनुप्रास शब्द 'अनु' तथा 'प्रास' शब्दों से मिलकर बना है। 'अनु' शब्द का अर्थ है- बार- बार तथा 'प्रास' शब्द का अर्थ है- वर्ण। जिस जगह स्वर की समानता के बिना भी वर्णों की बार -बार आवृत्ति होती है, उस जगह अनुप्रास अलंकार होता है।

अतः विकल्प (B) सही है।

9. जहां पर उपमेय और उपमान में कोई अंतर न दिखाई दे, वहाँ रूपक अलंकार होता है।

अथार्त जहां पर उपमेय और उपमान के बीच का अंतर समाप्त करके उसे एक कर दिया जाता है, वहाँ रूपक अलंकार होता है।

अतः विकल्प (D) सही है।

10. 'पीपर पात सरिस मन डोला', पंक्ति में उपमा अलंकार है।

- यहां मन उपमेय, पीपर पात उपमान, सरिस वाचक पद एवं डोला साधारण धर्म है।
- उपमा शब्द का अर्थ होता है – तुलना। जब किसी व्यक्ति या वस्तु की तुलना किसी दूसरे यक्ति या वस्तु से की जाए वहाँ पर उपमा अलंकार होता है। अर्थात जब किन्ही दो वस्तुओं के गुण, आकृति, स्वभाव आदि में समानता दिखाई जाए या दो भिन्न वस्तुओं कि तुलना कि जाए, तब वहां उपमा अलंकर होता है।

अतः विकल्प (B) सही है।

11. 'रहिमन पानी राखिए, बिन पानी सब सून। पानी गए न ऊबरे, मोती मानस चून।।' में श्लेष अलंकार है।

- जहाँ एक शब्द अनेक अर्थों में प्रयुक्त होता है, वहाँ शब्द-श्लेष होता है।
- यहाँ पानी ' शब्द का प्रयोग तीन बार हुआ है और तीनों बार उसका अर्थ भिन्न है। तीन अर्थ हैं – चमक (मोती के पक्ष में), प्रतिष्ठा (मनुष्य के पक्ष में) तथा जल (चूने के पक्ष में)। इस आधार पर यहाँ श्लेष अलंकार है।

अतः विकल्प (A) सही है।

12. जहाँ पर उपमान के न होने पर उपमेय को ही उपमान मान लिया जाए। अथार्त जहाँ पर अप्रस्तुत को प्रस्तुत मान लिया जाए वहाँ पर उत्प्रेक्षा अलंकार होता है। इस अलंकार में- मनु, जनु, जनहु, जानो, मानहु मानो, निश्चय, ईव, ज्यों आदि शब्द आते हैं।

अतः विकल्प (A) सही है।

13. 'अलंकार' शब्द का शाब्दिक अर्थ गहना या आभूषण है।

अलंकार, कविता-कामिनी के सौन्दर्य को बढ़ाने वाले तत्व होते हैं। शब्द तथा अर्थ की जिस विशेषता से काव्य का श्रृंगार होता है उसे ही अलंकार कहते हैं। भारतीय साहित्य में अनुप्रास, उपमा, रूपक, अनन्वय, यमक, श्लेष, उत्प्रेक्षा, संदेह, अतिशयोक्ति, वक्रोक्ति आदि प्रमुख अलंकार हैं।

अतः विकल्प (B) सही है।

14. "तीन बेर खाती थीं, वे तीन बेर खाती हैं" पंक्ति में यमक अलंकार है।

- पंक्ति में "बेर" शब्द की आवृत्ति एक से ज्यादा बार हुई है।
- एक 'बेर' का अर्थ फल होगा और दूसरे 'बेर' का अर्थ समय होगा।
- जब एक ही शब्द ज्यादा बार प्रयोग हो पर हर बार अर्थ अलग-अलग आये वहाँ पर यमक अलंकार होता है।

अतः विकल्प (D) सही है।

15. "भूप सहस दस एकहिं बारा। लगे उठावन टरत न टारा।।" पंक्ति में अतिशयोक्ति अलंकार है।

- दिए गए उदाहरण में कहा गया है कि जब धनुर्भंग हो रहा था कोई राजा उस धनुष को उठा नहीं पा रहा था तब दस हज़ार राजा एक साथ उस धनुष को उठाने लगे लेकिन वह अपनी जगह से तनिक भी नहीं हिला।
- यह बात बिलकुल असंभव है क्योंकि दस हज़ार लोग एक साथ धनुष को नहीं उठा सकते। इसलिए यह उदाहरण अतिशयोक्ति अलंकार के अंतर्गत आएगा।

अतः विकल्प (A) सही है।

16. 'वही मनुष्य है जो मनुष्य के लिए मरे' इस काव्य पंक्ति में यमक अलंकार है।

- यमक अलंकार में एक ही शब्द दो या दो से अधिक बार आता है और प्रत्येक बार उसके अर्थ भिन्न-भिन्न होते हैं।
- इस पंक्ति में भी मनुष्य शब्द दो बार प्रयोग हुआ है, और प्रत्येक बार उसके अर्थ अलग-अलग हैं।

अतः विकल्प (B) सही है।

17. 'तरनि तनूजा तट तमाल तरुवर बहु छाए' में अनुप्रास अलंकार है।

- अनुप्रास अलंकार: जब किसी काव्य को सुंदर बनाने के लिए किसी वर्ण की बार-बार आवृति होती है। जैसे: चारु चन्द्र की चंचल किरणें खेल रही थी जल थल में।

अतः विकल्प (D) सही है।

18. जिसकी समानता किसी ने कभी पाई नहीं; पाई के नहीं हैं अब वे ही लाल माई के। में यमक अलंकार का प्रयोग हुआ है।

- 'यमक अलंकार' अर्थात 'जहाँ एक ही शब्द जितनी बार आए उतने ही अलग-अलग अर्थ दे'। दिए गए पंक्ति में 'पाई' शब्द दो बार आया है। दोनों 'पाई' के क्रमशः 'पाना' और 'पैसा' भिन्न अर्थ निकलते हैं।

अतः विकल्प (B) सही है।

19. 'उधौ जोग जोग हम नाहीं' ये 'यमक अलंकार' का भेद है।

- यहां पर 'जोग' का प्रथम अर्थ 'योग' और दूसरा अर्थ 'योग्य' है।
- जब शब्द की एक से ज़्यादा बार आवृति होती है एवं विभिन्न अर्थ निकलते हैं तो वहाँ यमक अलंकार होता है।

अतः विकल्प (D) सही है।

20. जहां एक ही वर्ण की आवृत्ति एक से अधिक बार हो वहाँ 'अनुप्रास' अलंकार होता है।

- उदाहरण: चारु चंद्र की चंचल किरणे, खेल रही थी जल थल में।

अतः विकल्प (D) सही है।

21. जहाँ उपमेय में अनेक उपमानो के होने की शंका होती है, वहाँ संदेह अलंकार होता है। जहाँ दो वस्तुओं या क्रियाओं में इतनी समानता हो कि उसमें अनेक वस्तुओं के होने का संदेह हो और यह संदेह अंत तक बना रहे तो वहाँ संदेहालंकार होता है। इसमें या, अथवा, किधौ, किंवा, कि आदि वाचक शब्दों का प्रयोग होता है।

अतः विकल्प (D) सही है।

22. 'रघुकुल रीति सदा चली आई, प्राण जाए पर वचन न जाए' इसमें अनुप्रास अलंकार है।

- जिस काव्य पंक्ति के चरणांत में समान वर्णों की आवृत्ति होने के कारण यह अंत्यानुप्रास अलंकार है जो अनुप्रास अलंकार का एक भेद है।

अतः विकल्प (A) सही है।

23. 'नगन जड़ाती थी वे नगन जड़ाती है।' इसमें यमक अलंकार है।

- यहाँ नगन का अर्थ है – वस्त्रों के बिना, नग्न और दूसरे का अर्थ है हीरा-मोती आदि रत्न।
- जब काव्य में कोई शब्द एक से अधिक बार आए और उनके अर्थ अलग-अलग हों तो वहाँ यमक अलंकार होता है।

अतः विकल्प (A) सही है।

24. 'नीरज-सरिस नयन रघुवर के, लगहिं कमल कर द्वै हिमकर के।' में उपमा अलंकार है।

- इस काव्य पंक्ति में आँखों की तुलना कमल से की गई है इसलिए यह उपमा अलंकार का भेद है। जहां एक वस्तु या प्राणी की तुलना किसी दूसरी वस्तु या प्राणी से की जाए, वहाँ उपमा अलंकार होता है।

अतः विकल्प (C) सही है।

25. "नहिं पराग नहिं मधुर, मधु, नहिं विकास येहि काल। अली कली ही सों बध्यो, आगे कौन हवाल।।" पद में अन्योक्ति अलंकार है।

- जहाँ उपमान के माध्यम से उपमेय का वर्णन किया जाये या कोई बात सीधे न कहकर किसी अन्य के सहारे कही जाए, वहाँ अन्योक्ति अलंकार होता है।

अतः विकल्प (C) सही है।

26. 'सिर फट गया उसका वहीं। मानो अरुण रंग का घड़ा हो' पंक्ति में **उत्प्रेक्षा** अलंकार है।

- दिए गए उदाहरण में सिर की लाल रंग का घड़ा होने की कल्पना की जा रही है। यहाँ सिर – उपमेय है एवं लाल रंग का घड़ा – उपमान है। उपमेय में उपमान के होने की कल्पना की जा रही है।

अतः विकल्प (A) सही है।

27. 'वह दीपशिखा-सी शांत भाव में लीन' इस वाक्य में मालोपमा अलंकार है।

- जहां उपमेय का उत्कर्ष दिखाने के लिये अनेक उपमान एकत्र किए जाए, वहां **मालोपमा** अलंकार होगा।
- उप्युक्त अलंकार में मालोपमा अलंकार प्रयुक्त हुआ है। यहां उपमेय का उत्कर्ष दिखाने के लिए दीपशिखा उपमान का प्रयोग हुआ है।

अतः विकल्प (A) सही है।

28. "मुख बाल रवि-सम लाल होकर ज्वाल-सा बोधित हुआ।" इसमें **उपमा** अलंकार है। जहाँ किसी व्यक्ति या वस्तु की तुलना या समानता का वर्णन किसी अन्य व्यक्ति या वस्तु के स्वभाव, स्थिति, रूप और गुण से की जाए तो वहाँ उपमा अलंकार होता है।

अन्य विकल्प असंगत है।

अतः विकल्प (A) सही है।

29. "सोहत ओढ़े पीत पट, श्याम सलोने गात। मनहु नीलमणि शैल पर, आतप परयो प्रभात।।" पद में उत्प्रेक्षा अलंकार है।

- उत्प्रेक्षा का अर्थ है संभावना या कल्पना अर्थात एक वस्तु को दूसरी वस्तु मान लिया जाना। जहां उपमेय में उपमान की संभावना या कल्पना की जाये, वहां उत्प्रेक्षा अलंकार होता है। इस उदाहरण में भगवान श्रीकृष्ण को नीलमणि पर्वत और पीत पट को प्रभात की किरण माना गया है।

अतः विकल्प (3) सही है।

30. 'जहाँ उपमालंकार का सौन्दर्य अर्थ में निहित हो' वहाँ अर्थालंकार होता है।

- जिस अलंकार में अर्थ के प्रयोग करने से कोई चमत्कार उत्पत्र होता है वे अर्थालंकार कहलाते है।
- जैसे- चरण-कमल बन्दौं हरिराई।

अतः विकल्प (B) सही है।

Q.1 निम्नलिखित में से किस समूह के सभी शब्द पर्यायवाची हैं?

[RSMSSB Village Development Officer, 2016]

A. सोना - कंचन, कनक, जातरूप, स्वर्णयूथिका
B. धनुर्धर - धनुषधारी, कमनैत, तीरन्दाज़, बानैत
C. पृथ्वी - अचला, पृथुल, अवनि, वसुन्धरा
D. निर्झर - निर्झरिणी, झरना, प्रपात, चश्मा

Q.2 'अनिल' का पर्यायवाची शब्द क्या है?
A. पवन   B. पावस   C. चक्रवात   D. अनल

Q.3 'बादल' का पर्यायवाची शब्द है:
A. जलद   B. जलज   C. नीरज   D. नीरव

Q.4 'दीपक' शब्द के उचित पर्यायवाची युग्म का चयन करे:
A. प्रदीप, दीया, दीप   B. दिन, वासर, अह:
C. खल, पामर, दुष्ट   D. सुर, देव, अमर

Q.5 'दर्प' किसका पर्यायवाची शब्द है:
A. तिरस्कार   B. स्वाभिमान   C. अहंकार   D. खतरा

Q.6 'मृगेंद्र' का पर्यायवाची शब्द है:
A. कुरंग   B. अहि   C. कुंजर   D. शार्दुल

Q.7 नागर का पर्यायवाची शब्द है-
A. नगर   B. ढोल   C. चतुर   D. ग्रामवासी

Q.8 'राजा' का पर्यायवाची शब्द नहीं है:

[Uttarakhand Public Service Commission (UKPSC), 2016]

A. भूपाल   B. धरणीधर   C. भूपति   D. भूपति

Q.9 निम्नलिखित में कौन सा शब्द 'शशि' का पर्यायवाची शब्द है?
A. मधु   B. चंद्रमा   C. शाखी   D. संध्या

Q.10 'निधन' का पर्यायवाची है:
A. दिवावसान   B. देहावसान   C. देहान्तर   D. आमरण

Q.11 निम्नलिखित में से कौन-सा शब्द 'आंख' का पर्यायवाची नहीं है?
A. अक्षि   B. नयन   C. दृग   D. दृगम्बु

Q.12 निम्नलिखित पर्यायवाची में से 'अग्नि' का पर्यायवाची शब्द बताओ?
A. भानु   B. दहन   C. मीन   D. गुरु

Q.13 वामन का पर्यायवाची है:
A. कानन   B. नाटा   C. समीर   D. राह

Q.14 'भास्कर' का पर्यायवाची शब्द है:
A. रश्मि   B. मयूख   C. दिवाकर   D. मरीचि

Q.15 'न्यून' का पर्यायवाची शब्द है:
A. पर्याप्त   B. कम   C. अधिक   D. कोण

Q.16 निम्न में से कौन-सा शब्द 'दया' शब्द का पर्यायवाची शब्द है?

[Sainik School Entrance Class VI, 2020]

A. कृपा   B. मया   C. सत्य   D. धर्म

Q.17 निर्देश: प्रत्येक प्रश्न के आगे दिए गए विकल्पों में से उचित विकल्प चुनें।

निम्न में से कौन सा शब्द पृथ्वी शब्द का पर्यायवाची नहीं है?

[Sainik School Entrance Class VI, 2018]

A. भूमि   B. धरती   C. ब्रह्माण्ड   D. वसुंधरा

Q.18 निम्न में से कौन सा शब्द आकाश शब्द का पर्यायवाची नहीं है?

[Sainik School Entrance Class VI, 2018]

A. लोचन   B. गगन   C. अम्बर   D. नभ

Q.19 निम्न में से कौन सा शब्द कमल शब्द का पर्यायवाची है?

[Sainik School Entrance Class VI, 2018]

A. नयन   B. अगन   C. पंकज   D. अनल

Q.20 'बादल' का पर्यायवाची शब्द नहीं है?

[UPSESSB TGT Hindi, 2016]

A. अभ्र   B. जीमूत   C. वारिद   D. भर्कट

Q.21 निम्नलिखित में से 'तरुवर' शब्द का उचित पर्यायवाची शब्द क्या है?
A. विटप   B. प्रसून   C. तनय   D. मराल

Q.22 कौन-सा शब्द 'नाग' का पर्यायवाची नहीं है?
A. सर्प   B. अहि   C. विषधर   D. तुरंग

Q.23 दिए गए विकल्पों में से 'विकास' शब्द का विलोम क्या होगा?
A. ह्रास   B. कुरूप   C. विधि   D. विरह

Q.24 'पक्षी' का पर्यायवाची है:
A. भूधर   B. मीन   C. वृन्द   D. विहग

Q.25 'हनुमान' का पर्यायवाची शब्द नहीं है-
A. पवनसुत   B. अंजनीपुत्र   C. मारुति   D. विनायक

Q.26 निम्नलिखित में से कौन सा शब्द 'अग्नि' का पर्यायवाची नहीं है?
A. अनिल   B. पावक   C. कृशानु   D. वैश्वानर

Q.27 इनमें से कौन सा शब्द 'इच्छा' शब्द का पर्यायवाची नहीं है, उसे पहचानिए:

[Allahabad High Court Review Officer (RO), 2019]

A. लिप्सा   B. कामना   C. वैभवी   D. स्पृहा

Q.28 'मृगेन्द्र' का पर्यायवाची शब्द है:
A. कुरंग   B. अहि   C. कुंजर   D. शार्दूल

Q.29 जंगल का पर्यायवाची शब्द क्या है?
A. वन   B. जलज   C. तीर   D. दृग

Q.30 विशेष का पर्यायवाची बताइए।
A. रिक्त   B. खास   C. खाली   D. शून्य

// स्मार्ट उत्तर पुस्तिका //

सही उत्तर उन छात्रों का प्रतिशत जिन्होंने प्रश्नों का सही उत्तर दिया था।   **छोड़ दिया** उन छात्रों का प्रतिशत जिन्होंने प्रश्नों को छोड़ दिया था।

प्रश्न संख्या	उत्तर	सही उत्तर / छोड़ दिया	प्रश्न संख्या	उत्तर	सही उत्तर / छोड़ दिया	प्रश्न संख्या	उत्तर	सही उत्तर / छोड़ दिया	प्रश्न संख्या	उत्तर	सही उत्तर / छोड़ दिया	प्रश्न संख्या	उत्तर	सही उत्तर / छोड़ दिया	प्रश्न संख्या	उत्तर	सही उत्तर / छोड़ दिया
1	A	82.65 % / 16.78 %	6	D	88.0 % / 10.93 %	11	D	83.04 % / 14.69 %	16	A	87.95 % / 10.22 %	21	A	77.45 % / 13.68 %	26	A	78.73 % / 18.06 %
2	A	77.13 % / 10.12 %	7	C	81.16 % / 13.42 %	12	B	81.26 % / 14.03 %	17	C	83.8 % / 14.53 %	22	D	88.61 % / 10.14 %	27	C	83.26 % / 11.13 %
3	A	80.87 % / 18.62 %	8	B	80.24 % / 10.73 %	13	B	84.22 % / 12.22 %	18	A	85.51 % / 11.84 %	23	A	85.98 % / 13.69 %	28	D	80.71 % / 10.87 %
4	A	84.06 % / 13.36 %	9	B	83.01 % / 10.58 %	14	C	79.16 % / 16.21 %	19	C	86.96 % / 10.26 %	24	D	76.28 % / 19.6 %	29	A	76.49 % / 12.42 %
5	C	86.28 % / 12.56 %	10	B	84.44 % / 10.66 %	15	B	83.46 % / 10.22 %	20	D	82.82 % / 15.98 %	25	D	78.78 % / 20.58 %	30	B	83.02 % / 16.39 %

//संकेत और समाधान//

1. यहाँ सोना की पर्यायवाची - कंचन, कनक, जातरूप, स्वर्णयूथिका है।

- सोना का अर्थ यहाँ एक धातु से है।

पर्यायवाची: एक ही अर्थ में प्रयुक्त होने वाले शब्द जो बनावट में भले ही अलग हों, पर्यायवाची या समानार्थी शब्द कहलाते हैं। उदाहरण - आग: अनल, पावक, दहन। हवा: समीर, अनिल, वायु।

अत: विकल्प (A) सही है।

2. 'अनिल' का पर्यायवाची शब्द पवन है।

पावस: वर्षा काल, बरसात

चक्रवात: बवंडर, बगूला

अनल: अग्नि

अतः विकल्प (A) सही है।

3. 'बादल' का पर्यायवाची शब्द 'जलद' है।

'बादल' के पर्यायवाची शब्द- मेघ, घन, जलधर, वारिद, नीरद, पयोद, अंबुद, धराधार, पयोधर, वारीधर, वारिवाह इत्यादि है।

अतः विकल्प (A) सही है।

4. दीपक' शब्द का उचित पर्यायवाची युग्म प्रदीप, दीया, दीप है।

दीपक के पर्यायवाची शब्द – आदित्य, दीप, प्रदीप, दीया इत्यादि है।

अतः विकल्प (A) सही है।

5. 'दर्प' का पर्यायवाची शब्द 'अहंकार' है।

'दर्प' के पर्यायवाची शब्द- घमंड, अहंकार, अभिमान, गर्व, ताव, इत्यादि है।

अतः विकल्प (C) सही है।

6. 'मृगेंद्र' का पर्यायवाची शब्द 'शार्दुल' है।

मृगेन्द्र का पर्यायवाची शब्द- शेर-हरि, मृगराज, व्याघ्र, मृगेन्द्र, केहरि, केशरी, वनराज, सिंह, शार्दूल, हरि, मृगराज इत्यादि है।

अतः विकल्प (D) सही है।

7. नागर का पर्यायवाची शब्द चतुर है।

नागर- विज्ञ , चतुर , निपुण , पटु , कुशल , दक्ष , प्रवीण , योग्य।

अतः विकल्प (C) सही है।

8. राजा का पर्यायवाची शब्द 'धरणीधर' नहीं है।

- धरणीधर के पर्यायवाची शब्द हैं - पर्वत, पहाड़, गिरि, अचल, नग, भूधर, महीधर, शैल।
- राजा के अन्य पर्यायवाची शब्द हैं - नरपति, नृप, महीप, राव, सम्राट, नरेश, महीपति, अवनीपति।

अतः विकल्प (B) सही है।

9. दिए गए विकल्पों में 'चंद्रमा' शब्द 'शशि' का पर्यायवाची शब्द है।

शशि - चंद्र, चाँद, चंद्रमा, सुधांशु इत्यादि।

अतः विकल्प (B) सही है।

10. 'निधन' के पर्यायवाची हैं – मृत्यु, स्वर्गवास, काशीवास, देहांत, गंगालाभ, देहावसान, अंत, पंचत्व, मौत, इंतकाल, निर्वाण, मरण इत्यादि।

अतः विकल्प (B) सही है।

11. 'दृगम्बु' आंख का पर्यायवाची नहीं है। यह आँसू का पर्यायवाची है, जबकि अक्षि, नयन तथा दृग, आँख के पर्यायवाची शब्द है। आँख के अन्य पर्यायवाची शब्द- लोचन, नयन, नेत्र, चक्षु, अम्बक, दीदा, विलोचन, प्रेक्षण आदि है।

अत: विकल्प (D) सही है।

12. इनमें से 'अग्नि' का पर्यायवाची दहन है। अत: विकल्प दहन इसका सही उत्तर है। अन्य विकल्प असंगत हैं।

इसके विपरीत भानु, सूर्य का पर्यायवाची हैं।

इसके विपरीत गुरु, अध्यापक का पर्यायवाची हैं।

मीन, मछली का पर्यायवाची हैं।

अग्नि - अनल, पावक, दहन, ज्वलन, धूमकेतु, कृशानु, हुताशन, वैश्वानर, शुचि, ज्वाला, आग इत्यादि।

अतः विकल्प (B) सही है।

13. वामन, नाटा का पर्यायवाची शब्द है, अन्य विकल्प असंगत हैं।

वे शब्द जो लिखने में भिन्न प्रतीत होते है परन्तु उनका अर्थ सदैव समान रहता है, ऐसे शब्दों को पर्यायवाची शब्द कहते है। पर्यायवाची शब्दों को समानार्थी शब्द भी कहते है।

उदाहरण- वामन- नाटा, बौना, ठिगना आदि।

अत: विकल्प (B) सही है।

14. 'भास्कर' का पर्यायवाची शब्द 'दिवाकर' है।

'भास्कर' का पर्यायवाची शब्द - सूरज, सूर्य, रवि, दिनकर, दिवाकर, प्रभाकर इत्यादि है।

अतः विकल्प (C) सही है।

15. 'न्यून' का प्यायवाची शब्द 'कम' होता है।

न्यून के पर्यायवाची शब्द- कम, अल्प, तनिक, किंचित, थोड़ा इत्यादि है।

अतः विकल्प (B) सही है।

16. दिए गए विकल्पों में से 'दया' शब्द का पर्यायवाची शब्द 'कृपा' है।

एक ही अर्थ में प्रयुक्त होने वाले शब्द जो बनावट में भले ही अलग हों, पर्यायवाची या समानार्थी शब्द कहलाते हैं।

'दया' शब्द के अन्य पर्यायवाची शब्द - अनुकंपा, अनुग्रह, करुणा, कृपा, प्रसाद, संवेदना, सहानुभूति, सांत्वना आदि हैं।

अतः विकल्प (A) सही है।

17. ब्रह्माण्ड शब्द पृथ्वी शब्द का पर्यायवाची नहीं है।

- ब्रह्माण्ड के प्रयायवाची : श्रृष्टि
- पृथ्वी शब्द का प्रयायवाची : भूमि, वसुंधरा, धरती

अत: विकल्प (C) सही है।

18. लोचन आकाश शब्द का पर्यायवाची नहीं है।

- लोचन नेत्र शब्द का पर्यायवाची है जिसका अर्थ आँखे है।
- लोचन के प्रयायवाची : नेत्र, आँखे आदि।

अत: विकल्प (A) सही है।

19. पंकज कम्ल शब्द का पर्यायवाची है।

कमल : यह भारत का राष्ट्रीय पुष्प है।
इसे पंकज, सरोज, नीरज, वारिज आदि कहा जाता है।

अत: विकल्प (C) सही है।

20. 'बादल' का पर्यायवाची शब्द भर्कट नहीं है।

बादल के पर्यायवाची- अभ्र, मेघ, वारिद, बादल, पर्जन्य, अंबुद, अंबुधर, अब्र, जलद, घटा, घन, घनश्याम, जलधर, जीमूत, तोयद, तोयधर ,धाराधर, नीरद, नीरधर, पयोद, पयोधर।

अतः विकल्प (D) सही है।

21. 'तरुवर' शब्द का उचित पर्यायवाची शब्द 'विटप' है।

इसके अन्य पर्यायवाची शब्द हैं: पेड़, द्रुम, तरु, पादप आदि।

अन्य विकल्प:

शब्द	पर्यायवाची
प्रसून	सुमन, कुसुम, मंजरी
तनय	आत्मज, वत्स, तनुज
मराल	हंस, मुक्तभुक, सरस्वतिवाहन

अतः विकल्प (A) सही है।

22. 'नाग' के पर्यायवाची - विषधर, भुजंग, अहि, उरग, काकोदर, फणीश, सारंग, व्याल, सर्प, साँप।

तुरंग, घोड़ा का पर्यायवाची शब्द है।

अतः विकल्प (D) सही है।

23. दिए गए विकल्पों में से 'विकास' शब्द का विलोम ह्रास है।

विकास का अर्थ – उन्नति

ह्रास का अर्थ – पत्तन

अतः विकल्प (A) सही है।

24. दिये गये विकल्पों में पक्षी का पर्यायवाची शब्द विहग है।

पक्षी के पर्यायवाची - खेचर, पतंग, खग, विहग

भूधर के पर्यायवाची - पर्वत, पहाड़, शैल

मीन के पर्यायवाची - मछली, मतस्य, शफरी

वृन्द के पर्यायवाची - समूह, गण, समुदाय

अतः विकल्प (D) सही है।

25. 'हनुमान' का पर्यायवाची शब्द 'विनायक' नहीं है।

पर्यायवाची- जो विभिन्न शब्द एक ही अर्थ का बोध कराएं, उन्हें पर्यायवाची शब्द कहते हैं। सामान्य भाषा में इनको समानार्थक शब्द भी कहते हैं।

अतः विकल्प (D) सही है।

26. पावक', 'कृशानु' तथा 'वैश्वानर' का अर्थ है अग्नि जबकि 'अनिल' का अर्थ है 'वायु।

अनिल के अन्य पर्यायवाची शब्द हैं 'पवन, वायु, समीर'।

अतः विकल्प (A) सही है।

27. दिए गए विकल्पों में से 'वैभवी' शब्द 'इच्छा' का पर्यायवाची नहीं है।

अन्य सभी शब्द इच्छा के पर्यायवाची शब्द हैं।

इच्छा के अन्य पर्यायवाची शब्द हैं - अभिलाषा, चाह, लालसा, मनोरथ, आकांक्षा, ईप्सा, मर्जी आदि।

वैभवी के पर्यायवाची शब्द हैं - समृद्धि, ऐश्वर्य, सम्पन्नता, सम्पदा आदि।

अतः विकल्प (C) सही है।

28. 'मृगेन्द्र' का पर्यायवाची शब्द 'शार्दूल' है।

मृगेन्द्र का पर्यायवाची शब्द: शेर-हरि, मृगराज, व्याघ्र, मृगेन्द्र, केहरि, केशरी, वनराज, सिंह, शार्दूल, हरि, मृगराज इत्यादि है।

अतः विकल्प (D) सही है।

29. किसी शब्द के समान अथवा लगभग समान अर्थ का बोध कराने वाले शब्दों को पर्यायवाची शब्द कहते हैं।

जंगल का पर्यायवाची शब्द- वन, अरण्य, कानन, कांतार, अख्य इत्यादि हैं।

अतः विकल्प (A) सही है।

30. 'विशेष' का पर्यायवाची 'खास' है।

इसके अन्य पर्यायवाची- मुख्य, प्रधान, निजी, आत्मीय आदि हैं।

अतः विकल्प (B) सही है।

Ques (1-7):निर्देश: वाक्यांश के लिए एक शब्द बताइए:

Q.1 'जिसमें कोई दोष न हो'
A. निर्दोष   B. निर्दोश   C. निरदोश   D. निर्दोस

Q.2 'जो सब जगह विद्यमान हो'
A. सर्वव्यापी   B. सर्वसाधारण
C. सर्वविदित   D. इनमें से कोई नहीं

Q.3 'जिसके पास कुछ ना हो'
A. दरिद्र   B. नंगा   C. निर्धन   D. अकिंचन

Q.4 'जिसका अनुभव न किया गया हो'
A. अनुकरण   B. अनुभूत   C. अनुभव   D. अनु

Q.5 'मानसिक भाव छिपाना'
A. असूया   B. अमर्ष   C. अवहित्था   D. अक्षधूर्त

Q.6 'दक्षिण और पश्चिम के बीच की दिशा'
A. ईशान   B. आग्नेय   C. नैर्ऋत्य   D. वायव्य

Q.7 वह स्त्री जिसके पति ने दूसरी शादी कर ली हो
A. अन्योढ़ा   B. अनभिज्ञ   C. अध्यूढ़ा   D. अमर

Q.8 दिए गए विकल्पों में से 'स्थानापन्न' के लिए उचित वाक्यांश का चयन कीजिए।
A.   जो किसी के अधीन या पराधीन न हो
B.   दूसरे के स्थान पर अस्थायी काम करने वाला
C.   जो सर्वशक्ति सम्पन्न हो
D.   जिसे देखकर लोग लजाक उड़ाएं

Q.9 'अपकर्ष' के लिए उचित वाक्यांश का चयन कीजिए;
A.   नीचे की ओर खींचना   B. जो मापा न जा सके
C.   ऊपर की ओर खींचना   D. जो सामने न हो

Ques (10-11):निर्देश: वाक्यांश के लिए एक शब्द बताइए:

Q.10 'जो विधि की दृष्टि से ठीक हो'
A. वैदेशिक   B. वैध   C. विभु   D. विशेषज्ञ

Q.11 'धूतों अर्थात् जीवों द्वारा होने वाला (दुख)'
A. आधिभौतिक   B. आधिदैविक
C. आत्मघाती   D. आधिदैहिक

Q.12 "जठराग्नि" शब्द का क्या अर्थ है?
A. वन की आग   B. घर की आग
C. जल की आग   D. पेट की आग

Ques (13-18):निर्देश: वाक्यांश के लिए एक शब्द बताइए:

Q.13 'किसी विषय में अधिक जानकारी रखने वाले'
A. विद्वान   B. ज्ञानी   C. विशेषज्ञ   D. पंडित

Q.14 जो दूसरों के सहारे जीवित हो वाक्य के लिए एक शब्द है-
A. पराधीन   B. आश्रित   C. परोपजीवी   D. परोपजीवी

Q.15 'जहां पहुँचना कठिन हो'
A. सुगम   B. दुर्गम   C. अगम्य   D. अगेय

Q.16 'सब लोगों से सम्बन्ध रखने वाला'
A. सार्वकालिक   B. सार्वजनिक
C. सार्वदेशिक   D. सार्वभौमिक

Q.17 'जो कहने सुनने में लज्जापूर्ण या घिनौना हो'
A. अनुचित   B. अश्लील
C. आपत्तिजनक   D. निषिद्ध

Q.18 "कंजूसी से धन व्यय करने वाला"

[UPSSSC Rajasva Lekhpal, 2015]

A. अल्पव्ययी   B. कृपण   C. मसृण   D. मितव्ययी

Q.19 'मितव्ययी' शब्द के लिए उचित वाक्यांश क्या होगा?
A. कम जानने वाला   B. कम बोलने वाला
C. कम अक्ल वाला   D. कम खर्च करने वाला

Q.20 'लुब्ध' शब्द के लिए वाक्यांश उपयुक्त है?
A.   जो लकड़ी काटकर जीवन बिताता हो
B.   जिसका वंश लुप्त हो गया हो
C.   लोभी स्वभाव वाला
D.   जिसे देखकर रौंगटे खड़े हों जाएँ

Ques (21-30):निर्देश: वाक्यांश के लिए एक शब्द बताइए:

Q.21 'जिसको थोड़ा ज्ञान हो'
A. अनभिज्ञ   B. अज्ञ   C. अभिज्ञ   D. अल्पज्ञ

Q.22 'जिसने इन्द्रियों को जीत लिया हो '
A. इन्द्रजीत   B. इंद्र   C. जितेन्द्रिय   D. इन्द्रिपति

Q.23 "किसी की सहायता करने वाला"।
A. सहायक   B. सहृदय   C. सहचर   D. सहकार

Q.24 'जिस व्यक्ति का आचरण अच्छा हो'
A. संत   B. संन्यासी   C. सदाचारी   D. सज्जन

Q.25 जिसका सम्बन्ध अध्यात्म से हो।
A. नैतिक   B. शास्त्रीय
C. धार्मिक   D. आध्यात्मिक

Q.26 'अनुचित बात के लिये आग्रह'
A. दुराग्रह   B. पदच्युत   C. दुराचारी   D. दंडसंहिता

Q.27 वास्तविक मूल्य से अधिक लिया जाने वाला मूल्य
A. अधिमूल्य   B. अनन्तर   C. अनिकेत   D. अंतःकथा

Q.28 जो बाह्य संसार के ज्ञान से अनभिज्ञ हो
A. अनिश्चित   B. अलोकज्ञ   C. अपव्ययी   D. अल्पभाषी

Q.29 जो बिना वेतन के कार्य करता हो
A. अप्रवासी   B. अनन्त   C. अवैतनिक   D. अदम्य

Q.30 जिस पुस्तक में आठ अध्याय हो
A. अल्पवृष्टि   B. अनावृष्टि   C. अतिवृष्टि   D. अष्टाध्यायी

// स्मार्ट उत्तर पुस्तिका //

सही उत्तर उन छात्रों का प्रतिशत जिन्होंने प्रश्नों का सही उत्तर दिया था। **छोड़ दिया** उन छात्रों का प्रतिशत जिन्होंने प्रश्नों को छोड़ दिया था।

प्रश्न संख्या	उत्तर	सही उत्तर / छोड़ दिया	प्रश्न संख्या	उत्तर	सही उत्तर / छोड़ दिया	प्रश्न संख्या	उत्तर	सही उत्तर / छोड़ दिया	प्रश्न संख्या	उत्तर	सही उत्तर / छोड़ दिया	प्रश्न संख्या	उत्तर	सही उत्तर / छोड़ दिया	प्रश्न संख्या	उत्तर	सही उत्तर / छोड़ दिया
1	A	83.33 % / 11.99 %	6	C	88.92 % / 10.64 %	11	A	76.93 % / 16.09 %	16	B	78.2 % / 19.29 %	21	D	85.79 % / 13.11 %	26	A	85.93 % / 10.88 %
2	A	88.57 % / 11.16 %	7	C	88.67 % / 11.17 %	12	D	84.61 % / 14.01 %	17	B	76.02 % / 21.06 %	22	C	76.84 % / 23.0 %	27	A	88.86 % / 10.76 %
3	D	78.55 % / 14.1 %	8	B	85.39 % / 11.03 %	13	C	85.81 % / 13.36 %	18	B	87.5 % / 10.74 %	23	A	82.66 % / 15.86 %	28	B	83.31 % / 13.5 %
4	B	80.05 % / 11.12 %	9	A	87.33 % / 12.46 %	14	C	89.39 % / 10.26 %	19	D	76.57 % / 18.35 %	24	C	77.06 % / 22.91 %	29	C	82.29 % / 13.07 %
5	C	87.63 % / 10.47 %	10	B	76.97 % / 14.04 %	15	B	88.52 % / 10.79 %	20	C	87.06 % / 12.25 %	25	D	77.68 % / 12.59 %	30	D	79.57 % / 11.19 %

//संकेत और समाधान//

1. 'जिसमें कोई दोष न हो' को 'निर्दोष' कहा जाता है।

भाषा को सुंदर, आकर्षक और प्रभावशाली बनाने के लिए अनेक शब्दों के स्थान पर एक शब्द का प्रयोग किया जाता है तो वह वाक्यांश के लिए एक शब्द कहलाता है।

अत: विकल्प (A) सही है।

2. 'जो सब जगह विद्यमान हो' के लिए एक शब्द 'सर्वव्यापी' होगा।

भाषा को सुंदर, आकर्षक और प्रभावशाली बनाने के लिए अनेक शब्दों के स्थान पर एक शब्द का प्रयोग किया जाता है तो वह वाक्यांश के लिए एक शब्द कहलाता है।

अत: विकल्प (A) सही है।

3. 'जिसके पास कुछ ना हो' वाक्यांश के लिए एक शब्द 'अकिंचन' होगा।

दरिद्र - जिसके पास धन की कमी हो

नंगा - बिना वस्त्र का

निर्धन - जिसके पास धन न हो

अतः विकल्प (D) सही है।

4. 'जिसका अनुभव न किया गया हो' वाक्यांश के लिए एक शब्द 'अनुभूत' होगा।

अनुभव - काम की जानकारी

अनुकरण - नकल या प्रतिलिपि

अनु - वह मनोवृत्ति जो किसी वस्तु की प्राप्ति की ओर ध्यान ले जाती है

अतः विकल्प (B) सही है।

5. 'मानसिक भाव छिपाना' के लिए एक शब्द 'अवहित्था' होगा।

अन्य विकल्प:

एक शब्द	वाक्यांश
अमर्ष	सहनशील न होने की अवस्था
असूया	दूसरे के गुण में दोष निकालना
अक्षधूर्त	जुआ खेलने में होशियार

अतः विकल्प (C) सही है।

6. दक्षिण और पश्चिम के बीच वाले कोण को दक्षिण-पश्चिम या नैऋत्य कहते हैं।

पूर्व और उत्तर दिशाएं जहां पर मिलती हैं, उस स्थान को ईशान दिशा कहते हैं।

दक्षिण और पूर्व के मध्य का कोणीय स्थान आग्नेय कोण के नाम से जाना जाता है।

पश्चिम और उत्तर के बीच के कोण को उत्तर-पश्चिम या वायव्य कोण कहते हैं।

अतः विकल्प (C) सही है।

7. अध्यूढ़ा- वह स्त्री जिसके पति ने दूसरी शादी कर ली हो

अन्योढ़ा- दूसरे की विवाहित स्त्री

अनभिज्ञ- जिसे किसी बात का पता न हो

अमर- जो कभी मरता न हो

अतः विकल्प (C) सही है।

8. 'स्थानापन्न' के लिए उचित वाक्यांश 'दूसरे के स्थान पर अस्थायी काम करने वाला' होता है।

स्थानापन्न का संधि विच्छेद स्थान + आपन्न (अ + आ = आ) होगा। यह दीर्घ संधि का उदाहरण है।

अन्य विकल्प:

जो किसी के अधीन या पराधीन न हो - स्वाधीन

जो सर्व शक्ति सम्पन्न हो - सर्वशक्तिमान

जिसे देखकर लोग मज़ाक उड़ाएं - हास्यास्पद

अतः विकल्प (B) सही है।

9. 'अपकर्ष' के लिए उचित वाक्यांश 'नीचे की ओर खींचना' होगा।

अपकर्ष के पर्यायवाची शब्द हैं - अवनति, अधोगति, घटाव, उतार, पतन, अधोपतन।

अन्य विकल्प:

- जो मापा न जा सके - अपरिमेय
- ऊपर की ओर खींचना - उत्कर्ष
- जो सामने न हो - परोक्ष

अत: विकल्प (A) सही है।

10. 'जो विधि की दृष्टि से ठीक हो' इसके लिए उचित शब्द 'वैध' होगा।

वैध के पर्यायवाची हैं - विधिसम्मत, विधिमान्य।

इसका विलोम शब्द अवैध होता है।

अन्य विकल्प:

शब्द	वाक्यांश
वैदेशिक	विदेश में रहने वाला
विभु	जो सब में व्याप्त हो
विशेषज्ञ	किसी विषय का, जिसको विशेष ज्ञान हो

अत: विकल्प (B) सही है।

11. 'भूतों अर्थात् जीवों द्वारा होने वाला (दुख)' – वाक्य के लिए एक शब्द 'आधिभौतिक' है।

शब्द	वाक्यांश
आधिदैविक	दैव अथवा प्रकृति द्वारा होने वाले दुःख
आधिदैहिक	देह या शरीर द्वारा होने वाले दुःख
आत्मघाती	ऐसा कार्य जो स्वयं के लिए घातक हो

अत: विकल्प (A) सही है।

12. जठराग्नि शब्द का सही अर्थ - पेट की आग होता है अन्य विकल्प जठराग्नि शब्द के सही अर्थ नहीं है।

अन्य विकल्पों के अर्थ

जल की आग - बड़वाग्नि

वन की आग - दावानल

अत: विकल्प (D) सही है।

13. दिए गए वाक्य के लिए उपयुक्त एक शब्द विशेषज्ञ है।

विद्वान - जिसने बहुत ही अधिक विद्या पढ़ी हो।

ज्ञानी - जो जानकार हो।

पंडित - हिंदुओं के चार वर्णों में से पहले और सबसे श्रेष्ठ वर्ण का मनुष्य

अत: विकल्प (C) सही है।

14. परोपजीवी अर्थात् जो दूसरों के सहारे जीवित हो।

कम से कम शब्दों में अधिकाधिक अर्थ को प्रकट करने के लिए 'वाक्यांश या शब्द समूह के लिए एक शब्द' का प्रयोग करने वाले शब्दों को वाक्यांश के लिए एक शब्द भी कहा जाता हैं।

परोपजीवी का अर्थ जो दूसरों के सहारे जीवित हो।

अतः विकल्प (C) सही है।

15. 'जहां पहुँचना कठिन हो' के लिए एक शब्द 'दुर्गम' होगा।

दुर्गम के पर्यायवाची शब्द हैं- दुर्जेय, दुर्बोध, विकट, कठिन, अगम्य, दुर्गमनीय। दुर्गम का विलोम शब्द सुगम होता है।

अतः विकल्प (B) सही है।

16. दिए गए वाक्य के लिए उपयुक्त एक शब्द सार्वजनिक है।

सार्वकालिक - सब कालों का या सब कालों से संबंधित

सार्वदेशिक - सभी देशों के स्तर का

सार्वभौमिक - संपूर्ण पृथ्वी पर फैला हुआ

अतः विकल्प (B) सही है।

17. दिए गए वाक्य के लिए उपयुक्त एक शब्द अश्लील है।

अनुचित - जिसमें नैतिकता न हो या जो नैतिक न हो।

आपत्तिजनक - जिस बात पर एतराज़ किया जाए।

निषिद्ध - जो इस्लाम धर्मशास्त्र में वर्जित या त्याज्य हो।

अतः विकल्प (B) सही है।

18. 'कंजूसी से धन व्यय करने वाला' अर्थात 'कृपण'। वह व्यक्ति जो कंजूसी से खर्च करे उसे कंजूस या कृपण कहते हैं।

अन्य विकल्प:

मसृण अर्थात वह वस्तु जो चिकनी हो, मुलायम हो

मितव्ययी और अल्पव्ययी समानार्थी हैं जिसका अर्थ है वह जो कम खर्च करता हो

अतः विकल्प (B) सही है।

19. 'मितव्ययी' शब्द के लिए उचित वाक्यांश 'कम खर्च करने वाला' होगा। मितव्ययी विशेषण शब्द है जिसके पर्यायवाची शब्द हैं- अल्पव्ययी, कम खर्च करनेवाला, किफायतशार, मितव्ययी, कमखर्चीला। मितव्ययी का विलोम शब्द अपव्ययी होगा।

वाक्यांश- एक वाक्यांश एक वाक्य या खंड के भीतर एक सार्थक इकाई के रूप में काम कर रहे दो या दो से अधिक शब्दों का एक समूह। एक वाक्यांश को आमतौर पर एक शब्द और एक खंड के बीच एक स्तर पर व्याकरणिक इकाई के रूप में वर्णित किया जाता है।

अतः विकल्प (D) सही है।

20. 'लुब्ध' शब्द के लिए वाक्यांश 'लोभी स्वभाव वाला' है। अन्य विकल्प अनुपयुक्त हैं।

अन्य विकल्प:

वाक्यांश	एक शब्द
जो लकड़ी काटकर जीवन बिताता हो	लकड़हारा
जिसका वंश लुप्त हो गया हो	लुप्तवंश
जिसे देखकर रॉंगटे खड़े हों जाएँ	लोमहर्षक

अतः विकल्प (C) सही है।

21. 'जिसको थोड़ा ज्ञान हो' के लिए सार्थक शब्द अल्पज्ञ' होगा।

अन्य विकल्प:

एक शब्द	वाक्यांश
अनभिज्ञ	जिसको कुछ ज्ञान न हो
अभिज्ञ	जानने वाला ज्ञाता
अज्ञ	जो कुछ न जानता हो

अतः विकल्प (D) सही है।

22. 'इन्द्रियों को जीत लिया हो जिसने' वाक्यांश के लिए सर्वाधिक उचित विकल्प 'जितेन्द्रिय' है, जबकि इंद्र को जीतने वाले के लिए 'इंद्रजीत' शब्द प्रयुक्त होता है।

अतः विकल्प (C) सही है।

23. किसी की सहायता करने वाले को 'सहायक' कहते हैं।

जो हृदयवान हो 'सहृदय' कहलाता है। साथ चलने वाला 'सहचर' तथा साथ कार्य करने वाला सहकार कहलाता है।

अतः विकल्प (A) सही है।

24. दिए गए वाक्य के लिए उपयुक्त एक शब्द सदाचारी है।

संत - सांसारिकता से अलग रहकर धार्मिक जीवन बिताने वाला पुरुष।

संन्यासी - त्यागी और विरक्त व्यक्ति।

सज्जन - वह व्यक्ति जो सबके साथ अच्छा,प्रिय और उचित व्यवहार करता है।

अतः विकल्प (C) सही है।

25. जिसका सम्बन्ध अध्यात्म से है, को आध्यात्मिक कहते हैं।

आध्यात्मिक- भौतिकता से परे जीवन का अनुभव कर पाना।

अतः विकल्प (D) सही है।

26. दिए गए विकल्पों में 'दुराग्रह' उपरोक्त वाक्यांश के लिए उचित शब्द है।

दुराग्रह- अनुचित बात के लिये आग्रह।

अतः विकल्प (A) सही है।

27. अधिमूल्य- वास्तविक मूल्य से अधिक लिया जाने वाला मूल्य

अनन्तर- जो बिना अन्तर के घटित हो

अनिकेत- जिसका कोई घर (निकेत) न हो

अंतःकथा- मूलकथा में आने वाला प्रसंग, लघु कथा

अतः विकल्प (A) सही है।

28. अलोकज्ञ- जो बाह्य संसार के ज्ञान से अनभिज्ञ हो

अनिश्चित- जिसके बारे में कोई निश्चय न हो

अपव्ययी- जो धन को व्यर्थ ही खर्च करता हो

अल्पभाषी- जो कम बोलता हो

अतः विकल्प (B) सही है।

29. अवैतनिक- जो बिना वेतन के कार्य करता हो

अप्रवासी- जो व्यक्ति विदेश में रहता हो

अनन्त- जिसका कभी अन्त न हो

अदम्य- जिसका दमन न किया जा सके

अतः विकल्प (C) सही है।

30. अष्टाध्यायी- जिस पुस्तक में आठ अध्याय हो।

अल्पवृष्टि- बहुत कम बरसात होना।

अनावृष्टि- बरसात बिल्कुल न होना।

अतिवृष्टि- बहुत अधिक बरसात होना।

अतः विकल्प (D) सही है।

// टिप्पणियाँ //